JOSÉ ORTEGA Y GASSET

La Déshumanisation de l'art

Traduit de l'espagnol par

ADELINE STRUVAY

&

BÉNÉDICTE VAUTHIER

IDEM • VELLE

AC • IDEM • NOLLE

ÉDITIONS ALLIA

16, RUE CHARLEMAGNE, PARIS IVe

2014

TITRE ORIGINAL

La deshumanización del arte

La Déshumanisation de l'art a paru pour la première fois en 1925 à Madrid, dans la *Revista de Occidente*.

Non creda donna Berta e ser Martino...
Que dame Berthe et messire Martin...
Divina Commedia. – Paradiso XIII

IMPOPULARITÉ DU NOUVEL ART

PARMI les nombreuses idées de génie, hélas mal développées, du génial Français Guyau, on doit citer sa tentative d'étudier l'art au point de vue sociologique. Au premier abord, on pourrait penser qu'un tel sujet est stérile. Saisir l'art par le biais de ses effets sociaux ressemble fort à comprendre de travers ou à étudier l'homme au départ de son ombre. Les effets sociaux de l'art sont, à première vue, tellement extrinsèques, tellement éloignés de l'essence esthétique, qu'on voit difficilement comment, à partir d'eux, on peut pénétrer dans l'intimité des styles. Guyau, c'est sûr, n'a pas tiré le meilleur parti de sa géniale tentative. La brièveté de sa vie et cette hâte tragique vers la mort l'empêchèrent de rasséréner ses inspirations pour pouvoir, laissant de côté tout ce qui est évident et tout nouveau, insister sur ce qui est le plus substantiel et le plus caché. On peut dire que de son livre *L'Art au point de vue sociologique*, seul le titre existe ; le reste doit encore être écrit.

La fécondité d'une sociologie de l'art me fut révélée de manière inattendue lorsque, il y a quelques années, j'eus un jour l'idée d'écrire quelque chose sur la nouvelle époque musicale, qui commence avec Debussy [1]. Je me proposais de définir le plus clairement possible la différence de style entre la nouvelle musique et la musique traditionnelle. Le problème était rigoureusement esthétique et, cependant, je me suis rendu compte que le chemin le plus court pour y arriver partait d'un phénomène sociologique : l'impopularité de la nouvelle musique.

Aujourd'hui, je voudrais élargir mon propos et traiter de tous les arts qui ont encore une certaine vigueur en Europe. Outre la nouvelle musique, je parlerai de la nouvelle peinture, de la nouvelle poésie et du nouveau théâtre. Surprenante et mystérieuse est, il est vrai, la solidarité compacte qu'entretient chaque époque historique avec elle-même dans toutes ses manifestations. Une inspiration identique, un même style biologique palpitent dans les arts les plus divers. Sans s'en rendre compte, le musicien jeune aspire à réaliser avec des sons exactement les mêmes valeurs esthétiques

1. Voir "Musicalia", *El Espectador III* dans le tome II des *Obras completas 1916*, Madrid, Taurus, 2004, p. 365-374.

que le peintre, le poète et le dramaturge, ses contemporains. Et cette identité de sens artistique devait aboutir, forcément, à une conséquence sociologique identique. En effet, à l'impopularité de la nouvelle musique répond une même impopularité dans les autres muses. Tout l'art jeune est impopulaire, non pas par hasard ou par accident, mais en vertu d'une destinée essentielle.

D'aucuns diront que tout style nouveau-né passe par une mise en quarantaine et évoqueront la bataille d'*Hernani* et les autres combats survenus lors de l'avènement du romantisme. Cependant, l'impopularité du nouvel art présente une tout autre physionomie. Il faut distinguer ce qui n'est pas populaire de ce qui est impopulaire. Le style innovateur tarde un peu à conquérir la popularité : il n'est pas populaire, mais il n'est pas non plus impopulaire. L'exemple de l'irruption romantique, que l'on invoque d'habitude, fut, comme phénomène sociologique, exactement l'inverse de celui que l'art offre aujourd'hui. Le romantisme conquit très rapidement le "peuple", pour qui le vieil art classique n'avait jamais été une chose très intime. L'ennemi contre lequel le romantisme dut se battre fut justement une minorité choisie, ankylosée dans les formes archaïques de l'"ancien régime" poétique. Les œuvres romantiques sont les premières – depuis l'invention de l'imprimerie – à avoir bénéficié de gros tirages. Le romantisme a été le style populaire par excellence. Premier né de la démocratie, il fut dorloté par la masse.

Par contre, le nouvel art a la masse contre lui, et il en sera toujours ainsi. Il est impopulaire par essence ; plus encore, il est antipopulaire. Quelle que soit l'œuvre que l'art engendre, elle produit automatiquement auprès du public un curieux effet sociologique. Elle le divise en deux parties, l'une, minime, composée d'un nombre restreint de personnes qui lui sont favorables ; l'autre, majoritaire, innombrable, qui lui est hostile. (Laissons de côté la faune équivoque des *snobs*.) L'œuvre d'art agit donc comme un pouvoir social qui crée deux groupes antagoniques ; un pouvoir qui sépare et sélectionne dans le tas informe de la multitude deux castes différentes d'hommes.

Quel est le principe différenciateur de ces deux castes ? Toute œuvre d'art suscite des divergences ; elle plaît aux uns et déplaît aux autres ; elle plaît moins à certains et plus à d'autres. Cette dissociation n'est pas organique, elle n'obéit pas à un principe. Le hasard de notre nature individuelle nous placera parmi les uns ou parmi les autres. Mais dans le cas du nouvel art, la disjonction se produit sur un plan plus profond que celui sur lequel évoluent les variétés du goût individuel. Ce qui se passe, ce n'est pas que l'œuvre jeune *ne plaise pas* à la majorité du public et bien à la minorité, mais que la majorité, la masse, *ne la comprend pas*. Les vieilles perruques qui assistaient à la représentation d'*Hernani* comprenaient très bien le drame de Victor Hugo, c'est précisément pour cela qu'il ne leur plaisait pas. Fidèles à une sensibilité esthétique bien définie, elles éprouvaient de la répugnance envers les nouvelles valeurs artistiques que le romantique leur proposait.

À mon sens, ce qui caractérise le nouvel art, "au point de vue sociologique", c'est qu'il divise le public en deux classes d'hommes : ceux qui le comprennent et ceux qui ne le comprennent pas. Cela implique que les uns possèdent un organe de compréhension refusé, par conséquent, aux autres ; nous avons là deux variétés distinctes de l'espèce humaine. Le nouvel art n'est visiblement pas fait pour tout le monde, comme l'était l'art romantique, mais il s'adresse naturellement à une minorité spécialement dotée. D'où l'irritation qu'il suscite au sein de la masse. Lorsque quelqu'un n'aime pas une œuvre d'art mais qu'il l'a comprise, il se sent supérieur à elle et l'irritation n'a pas lieu d'être. Mais lorsque le mécontentement que l'œuvre provoque naît de son incompréhension, l'homme se sent comme humilié, il a une obscure conscience de son infériorité qu'il doit compenser par l'affirmation indignée de soi face à l'œuvre. L'art jeune, par sa seule manifestation, oblige le bon bourgeois à se sentir tel qu'il est : un bon bourgeois, un sujet incapable de sacrements artistiques, aveugle et sourd à toute beauté pure. Or, cela ne peut se produire impunément après cent ans de flatterie en tout genre envers la masse et d'apothéose du "peuple". Habituée à prédominer dans tous les domaines, la masse se sent offensée dans ses "droits de l'homme" par le nouvel art, qui est un art de privilège, de noblesse de nerfs, d'aristocratie instinctive. Partout où les jeunes muses se présentent, la masse regimbe.

Pendant un siècle et demi, le "peuple", la masse a prétendu être toute la société. La musique de Stravinsky ou le drame de Pirandello ont l'efficacité sociologique de l'obliger à se reconnaître tel qu'il est, "rien que peuple", simple ingrédient parmi d'autres de la structure sociale ; matière inerte du processus historique, facteur secondaire du cosmos spirituel. Par ailleurs, l'art jeune contribue aussi à ce que les "meilleurs" se connaissent et se reconnaissent au milieu de la grisaille de la multitude et apprennent leur mission : être peu nombreux et se battre contre le nombre.

Le temps approche où la société, de la politique à l'art, se réorganisera, comme il se doit, en deux ordres ou rangs : celui des hommes illustres et celui des hommes vulgaires. Tout le malaise de l'Europe débouchera sur cette nouvelle scission salvatrice qui le guérira. L'unité indifférenciée, chaotique, informe, sans architecture anatomique, sans discipline rectrice, dans laquelle nous avons vécu cent cinquante ans durant, ne peut perdurer. En dessous de toute la vie contemporaine sommeille une injustice profonde et irritante : la prétendue égalité réelle entre les hommes. Chaque pas fait parmi eux nous montre le contraire, de manière si évidente, que chaque pas est un douloureux trébuchement.

Si la question se pose en politique, les passions qu'elle suscite sont telles qu'il est peut-être trop tôt pour se faire comprendre. Heureusement, la solidarité de l'esprit historique à laquelle je faisais allusion plus haut permet de souligner, en toute clarté, en toute sérénité, dans l'art germinal de notre époque, les mêmes symptômes et signes annonciateurs qui, en politique, se trouvent assombris par de basses passions.

L'évangéliste disait : *Nolite fieri sicut equus et mulus quibus non est intellectus*. Ne soyez pas comme le cheval et le mulet, à qui l'entendement fait défaut. La masse regimbe et ne comprend pas. Essayons, quant à nous, de faire l'inverse. Extrayons de l'art jeune son principe essentiel et nous verrons alors dans quel sens profond il est impopulaire.

ART ARTISTIQUE

SI le nouvel art n'est pas intelligible à tout le monde, cela signifie que ses ressorts ne sont pas ceux du genre humain. Ce n'est pas un art pour les hommes en général, mais pour une classe très particulière d'hommes qui, même s'ils ne valent pas plus que les autres, sont de toute évidence différents.

Il convient, d'emblée, de préciser une chose. Qu'est-ce que la majorité des gens entendent par "plaisir esthétique" ? Que se passe-t-il dans leur esprit lorsqu'une œuvre d'art, par exemple, une pièce de théâtre, leur "plaît" ? La réponse ne fait aucun doute ; un drame leur plaît lorsqu'ils ont réussi à s'intéresser aux destinées humaines qui leur sont proposées. Les amours, les haines, les peines, les joies des personnages font vibrer leur cœur : ils y participent comme s'il s'agissait de cas réels de la vie. Et ils disent d'une œuvre qu'elle est "réussie" lorsqu'elle parvient à produire la quantité d'illusions nécessaire pour que les personnages imaginaires équivalent à des personnes vivantes. Dans la poésie lyrique, ils chercheront les amours et les douleurs de l'homme qui palpite sous le poète. Dans la peinture, seuls les attireront les tableaux où ils trouveront des silhouettes d'hommes et de femmes avec qui, dans un certain sens, il serait intéressant de vivre. Une peinture de paysage leur semblera "jolie" si le paysage réel qu'il représente mérite, grâce à ses charmes ou à son pathétisme, qu'ils y aillent en excursion.

Cela revient à dire que pour la majorité des gens le plaisir esthétique n'est pas une attitude spirituelle différente par essence de celle qu'ils adoptent habituellement dans leur vie. Elle ne s'en distingue que par des qualités secondaires : elle est, peut-être, moins utilitaire, plus dense et dépourvue de conséquences fâcheuses. Mais, en définitive, l'objet dont ils s'occupent en art, qui sert de terme à leur attention et en même temps aux autres facultés, est le même que celui de la vie quotidienne : des passions et des sujets humains. Ils appelleront “art” l'ensemble des moyens grâce auxquels on leur permet d'entrer en contact avec des choses humaines intéressantes. De telle sorte qu'ils ne toléreront les formes proprement artistiques, les irréalités, la fantaisie, que dans la mesure où elles ne font pas obstacle à leur perception des formes et des péripéties humaines. Dès que ces éléments purement esthétiques dominent et qu'il ne peut pas bien saisir l'histoire de Jean et Marie, le public est pris au dépourvu et il ne sait que faire face à la scène, au livre ou au tableau. C'est normal, il ne connaît pas d'autre attitude face aux objets que l'attitude pratique, celle qui nous pousse à nous passionner et à intervenir sentimentalement. Une œuvre qui ne l'invite pas à cette intervention le prive de son rôle.

Cela étant dit, il convient de clarifier ce dernier point. Se réjouir ou souffrir face aux destinées humaines que l'œuvre peut nous conter ou nous présenter, voilà une chose bien différente du véritable plaisir esthétique. Plus encore : cette préoccupation pour le caractère humain de l'œuvre est, en principe, incompatible avec la jouissance esthétique au sens strict du terme.

Il s'agit d'une question d'optique extrêmement simple. Pour voir un objet, il faut que notre appareil oculaire accommode. Si notre accommodation est inadéquate, nous ne verrons pas l'objet ou nous le verrons mal. Que le lecteur s'imagine que nous regardons un jardin à travers la vitre d'une fenêtre. Nos yeux accommoderont de sorte que le rayon visuel pénètre la vitre, sans s'y arrêter, et aille s'accrocher dans les fleurs et les frondaisons. Comme la cible de notre vision est le jardin et que c'est vers lui que le rayon visuel est lancé, nous ne verrons pas la vitre, notre regard passera à travers sans la percevoir. Plus le verre sera pur, moins nous le verrons. Mais ensuite, en faisant un effort, nous pouvons nous désintéresser du jardin et, rétractant le rayon oculaire, l'arrêter sur la vitre. Alors le jardin disparaît à nos yeux et nous n'en voyons plus que des masses confuses de couleur qui semblent collées à la vitre. Par conséquent, voir le jardin et voir la vitre sont deux opérations incompatibles : elles s'excluent l'une l'autre et requièrent des accommodations oculaires distinctes.

De la même manière, celui qui, dans l'œuvre d'art, cherche à être ému par les destins de Jean et Marie ou de Tristan et Iseult et y accommode sa perception spirituelle, ne verra pas l'œuvre d'art. Le malheur de Tristan réside tout entier dans son malheur ; donc, il ne pourra nous émouvoir que si nous le prenons pour la réalité. Mais il se fait que l'objet artistique n'est tel que dans la mesure où il n'est pas réel. Pour pouvoir apprécier le portrait équestre de Charles Quint du Titien, il est indispensable que nous n'y voyions pas là Charles Quint en chair et en os, authentique et vivant, mais plutôt un simple portrait, une image irréelle, une fiction. Le modèle et son portrait sont deux objets complètement distincts ; nous nous intéressons soit à l'un, soit à l'autre. Dans le premier cas, nous "cohabitons" avec Charles Quint ; dans le second, nous "contemplons" un objet artistique en tant que tel.

Mais voilà, la majorité des gens sont incapables d'accommoder leur attention à la vitre et à la transparence qu'est l'œuvre d'art ; au lieu de cela, ils passent au travers sans s'y arrêter et vont se vautrer passionnément dans la réalité humaine à laquelle il est fait allusion dans l'œuvre. Si on les invite à lâcher leur proie et à prêter attention à l'œuvre d'art, ils diront qu'ils n'y voient rien, car, en effet, ils n'y voient rien d'humain, mais seulement des transparences artistiques, de pures virtualités.

Au XIXe siècle, les artistes procédèrent de manière trop impure. Ils réduisaient les éléments strictement esthétiques à leur plus simple expression et ramenaient presque toute l'œuvre à la fiction de réalités humaines. Dans ce sens, il faut dire que, d'une façon ou d'une autre, tout l'art normal du XIXe siècle a été réaliste. Réalistes furent Beethoven et Wagner. Réaliste Chateaubriand, tout comme Zola. Romantisme et naturalisme, vus de notre promontoire actuel, se rapprochent et découvrent leurs racines réalistes communes.

Des produits de cette nature ne sont qu'en partie des œuvres d'art, des objets artistiques. Pour en jouir, ce pouvoir d'accommodation au virtuel et à la transparence qui constitue la sensibilité artistique n'est pas nécessaire. Il suffit d'avoir une sensibilité humaine et de laisser les angoisses et les joies d'autrui se répercuter en nous. On comprend donc que l'art du XIXe siècle ait été si populaire ; il est fait pour la masse indifférenciée au sens où il n'est pas art, mais "tranche de vie". Qu'on se rappelle qu'à toutes les époques où il y a eu deux types d'art différents, l'un pour la minorité et l'autre pour la majorité [1], ce dernier fut toujours réaliste.

1. Par exemple, au Moyen Âge. À la structure binaire de la société, répartie en deux couches : les nobles et les plébéiens, correspondait la division entre un art noble, "conventionnel", "idéaliste", c'est-à-dire artistique, et un art populaire, réaliste et satirique.

Ne nous disputons pas pour l'instant au sujet de la possibilité d'un art pur. Il se peut qu'il n'existe pas ; mais les raisons qui nous conduisent à cette négation sont un peu longues et difficiles à exposer. Mieux vaut donc ne pas toucher le sujet. En outre, il n'est pas essentiel pour ce dont nous parlons aujourd'hui. Même si un art pur est impossible, il ne fait aucun doute qu'il y a place pour une tendance à la purification de l'art. Cette tendance conduira à une élimination progressive des éléments humains, trop humains, qui dominaient dans la production romantique et naturaliste. Et au cours de ce processus, on arrivera à un stade où le contenu humain de l'œuvre sera si maigre qu'on ne le verra presque plus. Nous aurons alors un objet qui ne pourra être perçu que par celui qui possède ce don singulier de la sensibilité artistique. Ce sera un art pour artistes, non pour la masse des hommes ; ce sera un art de caste, non un art démotique.

Voilà pourquoi le nouvel art divise le public en deux classes d'individus : ceux qui le comprennent et ceux qui ne le comprennent pas ; c'est-à-dire les artistes et ceux qui ne le sont pas. Le nouvel art est un art artistique.

Moi, je ne prétends pas exalter ici ce nouveau mode artistique et encore moins dénigrer celui qui était en usage au XIXe siècle. Je me limite à en établir la filiation comme le fait un zoologue avec deux faunes antagoniques. Le nouvel art est un fait universel. Depuis une vingtaine d'années, les jeunes gens les plus alertes de deux générations successives – à Paris, à Berlin, à Londres, à New York, à Rome, à Madrid – ont été surpris par l'inéluctable : l'art traditionnel ne les intéressait pas. Plus encore : il les répugnait. Ces jeunes, de deux choses l'une, il faut soit les fusiller, soit s'efforcer de les comprendre. En ce qui me concerne, j'ai résolument opté pour cette seconde attitude. Et j'ai rapidement constaté que germe en eux un nouveau sens de l'art parfaitement clair, cohérent et rationnel. Loin d'être un caprice, leur manière de sentir est le résultat inévitable et fécond de toute l'évolution artistique antérieure. Ce qui est capricieux, arbitraire et, par conséquent, stérile, c'est la résistance à ce nouveau style et l'entêtement à s'enfermer dans des formes désormais archaïques, épuisées et décadentes. Dans l'art, comme dans la morale, le devoir ne dépend pas de notre bon plaisir ; il faut accepter l'impératif de travail que l'époque nous impose. Cette docilité à l'ordre du temps est la seule probabilité qu'ait l'individu de ne pas se tromper. Même ainsi, peut-être n'arrivera-t-il à rien ; mais son échec est bien plus assuré encore s'il s'obstine à composer un nouvel opéra wagnérien ou un autre roman naturaliste.

En art, toute répétition est nulle. Tout style qui apparaît dans l'histoire peut engendrer un certain nombre de formes différentes au sein d'un même genre. Mais un jour, la magnifique source se tarit. C'est ce qui est arrivé, par exemple, dans le roman et dans le théâtre romantico-naturalistes. C'est une erreur naïve de croire que la stérilité actuelle de ces deux genres est due à l'absence de talents personnels. En réalité, les combinaisons possibles sont épuisées. Voilà pourquoi nous ne pouvons que nous réjouir de ce que cet épuisement coïncide avec l'émergence d'une nouvelle sensibilité, capable de détecter de nouvelles sources intactes.

Si on analyse le nouveau style, on y trouvera certaines tendances étroitement liées entre elles. Il tend : 1° à la déshumanisation de l'art ; 2° à éviter les formes vivantes ; 3° à faire en sorte que l'œuvre d'art ne soit qu'œuvre d'art ; 4° à considérer l'art comme un jeu, rien de plus ; 5° à une ironie essentielle ; 6° à éluder toute fausseté et, par là-même, à une réalisation scrupuleuse. Enfin, 7° l'art, selon les artistes jeunes, est une chose sans transcendance aucune.

Esquissons maintenant chacun des traits du nouvel art.

QUELQUES GOUTTES DE PHÉNOMÉNOLOGIE

UN homme célèbre agonise. Sa femme est à son chevet. Un médecin prend le pouls du moribond. Dans le fond de la chambre, il y a deux autres personnes : un journaliste, qui assiste à la scène mortuaire pour raison professionnelle, et un peintre, que le hasard a conduit là. Épouse, médecin, journaliste et peintre sont témoins d'un même événement. Cependant, ce seul et même événement – l'agonie d'un homme – s'offre à chacun d'eux sous un éclairage différent. Ces angles d'approche sont si différents qu'ils ont à peine un noyau commun. La différence entre ce qu'il signifie pour la femme transie de douleur et pour le peintre qui, impassible, regarde la scène, est si grande qu'il serait presque plus exact de dire que l'épouse et le peintre assistent à deux faits complètement différents.

Il en ressort donc qu'une même réalité se fractionne en une multitude de réalités divergentes lorsqu'elle est observée depuis différents points de vue. Et l'on en vient à se demander laquelle de ces réalités multiples est la réalité véritable, authentique ? Quelle que soit notre décision, elle sera arbitraire. Notre préférence pour l'une ou pour l'autre ne peut être fondée que sur un caprice. Toutes ces réalités sont équivalentes, chacune est authentique selon le point de vue adopté. La seule chose que nous puissions faire, c'est classer ces points de vue et choisir celui qui, en pratique, semble le plus normal ou le plus spontané. Nous arriverons ainsi à une notion en rien absolue, mais, au moins, pratique et normative de la réalité.

Le moyen le plus clair pour différencier les points de vue de ces quatre personnes qui assistent à la scène mortuaire consiste à mesurer l'une de ses dimensions : la distance spirituelle qui sépare chacun d'entre eux du fait commun, de l'agonie. Chez l'épouse du mourant, cette distance est minime, au point qu'elle n'existe presque pas. Le tragique événement tourmente à ce point son cœur, il occupe une telle place dans son âme, qu'il se fond à sa personne ou, pour le dire autrement, la femme participe à la scène, elle en est partie prenante. Pour que nous puissions voir quelque chose, pour qu'un fait devienne un objet à contempler, nous devons nous en détacher et veiller à ce qu'il cesse de faire partie intégrante de notre être. L'épouse, donc, n'assiste pas à la scène, mais y est intégrée ; elle ne la contemple pas, elle la vit.

Le médecin se trouve déjà un peu plus éloigné. Pour lui, il s'agit d'un cas professionnel. Il n'intervient pas dans la situation avec l'angoisse passionnée et aveuglante qui inonde l'âme de cette pauvre femme. Toutefois, son métier l'oblige à s'intéresser sérieusement à ce qui se passe ; sa responsabilité est en partie engagée et son prestige peut être mis à mal. Par conséquent, quoique de manière moins exclusive et intime que l'épouse, il prend part à cet événement ; la scène s'empare de lui, l'entraîne en son centre dramatique, le prenant non par les sentiments, mais par le côté professionnel de sa personne. Il vit, lui aussi, ce triste épisode, même si ses émotions ne partent pas de son centre cordial, mais de sa périphérie professionnelle.

En faisant maintenant nôtre le point de vue du journaliste, nous remarquons que nous nous sommes énormément éloignés de cette douloureuse réalité. Nous nous en sommes tellement éloignés que, ce faisant, nous avons perdu tout contact sentimental avec la situation. Le journaliste, tout comme le médecin, est là, tenu par sa profession, non sous l'effet d'un élan spontané et humain. Mais, tandis que la profession du médecin l'oblige à intervenir, celle du journaliste le contraint précisément à ne pas agir : il doit se contenter d'observer. Pour lui, le fait est pure scène, simple spectacle qu'il devra ensuite relater dans les colonnes du journal. Il ne participe pas sentimentalement à ce qui se passe là-bas, il est libre spirituellement et non impliqué dans la situation ; il ne la vit pas, mais la contemple. Il la contemple, toutefois, avec le souci de devoir la rapporter ensuite à ses lecteurs. Il voudrait les intéresser, les émouvoir et, si possible, tirer des larmes à tous les abonnés, comme s'ils étaient momentanément parents du mourant. À l'école, il avait lu le précepte d'Horace : *Si vis me flere, dolendum est primum ipsi tibi* (*Si tu veux me faire pleurer, souffre d'abord toi-même*).

Fidèle à Horace, le journaliste essaie de feindre une émotion dont il nourrira ensuite sa prose. Ainsi, bien qu'il ne “vive” pas la scène, il “fait semblant” de la vivre.

Enfin, le peintre, indifférent, ne s'intéresse qu'à ce qui se déroule en *coulisse* [1]. Il se moque de ce qui se passe alentour ; il est, comme on

1. En français dans le texte. [N.d.T.]

dit d'habitude, à cent mille lieues de l'événement. Son attitude est purement contemplative et il faut même dire qu'il n'observe pas la situation dans son intégrité ; le douloureux sens interne de celle-ci reste en dehors de son champ de perception. Il ne s'occupe que de l'extérieur, des ombres et des lumières, des valeurs chromatiques. Avec le peintre, nous sommes arrivés à la distance maximale et à l'intervention sentimentale minimale.

La lourdeur inévitable de cette analyse serait compensée si elle nous permettait de parler clairement d'une échelle de distances spirituelles entre la réalité et nous. Sur cette échelle, les degrés de proximité équivalent à des degrés de participation sentimentale aux faits ; les degrés d'éloignement, par contre, correspondent à des degrés de libération par lesquels nous objectivons le fait réel, le transformant en un pur thème de contemplation. Si nous nous situons à l'un des extrêmes, nous découvrons un aspect du monde – personnes, choses, situations – qui est la réalité "vécue" ; à l'autre extrême, par contre, nous voyons tout sous son aspect de réalité "contemplée".

À ce stade, il convient de faire une remarque essentielle pour l'esthétique, sans laquelle il n'est pas facile de pénétrer dans la physiologie de l'art, de l'art, qu'il soit ancien ou neuf. Parmi ces divers aspects de la réalité qui correspondent aux différents points de vue, il y en a un dont dérivent tous les autres et qu'eux tous présupposent. C'est celui de la réalité vécue. Si nul ne vivait en pur dévouement et totale frénésie l'agonie d'un homme, le médecin ne s'inquiéterait pas, les lecteurs ne comprendraient pas les gestes pathétiques du journaliste qui décrit la scène et le tableau où le peintre représente un homme alité, entouré de figures affligées, nous serait inintelligible. Il en va de même pour n'importe quel objet, qu'il s'agisse d'une personne ou d'une chose. La forme primitive d'une pomme est celle qu'elle possède quand nous nous disposons à la manger. Dans toutes les autres formes possibles – par exemple, celle que lui a donnée un artiste de 1600, en l'agençant dans un ornement baroque, celle qu'elle présente dans une nature morte de Cézanne ou dans la métaphore élémentaire qui en fait une joue de jeune fille –, elle conserve plus ou moins cet aspect originel. Un tableau, une poésie, dans lesquels il ne resterait trace des formes vécues, seraient inintelligibles, c'est-à-dire qu'ils seraient insignifiants, tout comme le serait un discours dont la signification habituelle de chaque mot aurait été extirpée.

Cela signifie que sur l'échelle des réalités, une primauté spéciale revient à la réalité vécue qui nous oblige à la considérer comme "la" réalité par excellence. Au lieu de réalité vécue, nous aurions pu dire réalité humaine. Le peintre qui assiste impassible à la scène d'agonie semble "inhumain". Disons donc que le point de vue humain est celui à partir duquel nous "vivons" les situations, les personnes, les choses. Et, vice versa, sont humaines toutes les réalités – femme, paysage, péripétie – quand elles se présentent sous l'aspect sous lequel elles ont l'habitude d'être vécues.

Un exemple, dont le lecteur comprendra plus avant l'importance : parmi les réalités qui constituent notre monde, il y a nos idées. Nous les utilisons "humainement" lorsque nous pensons les choses avec elles, c'est-à-dire qu'en pensant à Napoléon, il est coutume de s'arrêter exclusivement au grand homme qui répond à ce nom. Par contre, le psychologue, adoptant un point de vue anormal, "inhumain", se désintéresse de Napoléon et, par le biais de l'introspection, essaie d'analyser son idée de Napoléon en tant qu'idée. Nous avons là une perspective opposée à celle que nous adoptons dans la vie spontanée. Au lieu que l'idée soit l'instrument pour penser un objet, nous la transformons en objet et finalité de notre pensée. Nous verrons l'usage inattendu que le nouvel art fait de cette inversion inhumaine.

LA DÉSHUMANISATION DE L'ART COMMENCE

L'ART jeune s'est dissocié à une allure vertigineuse en une multitude de directions et de tentatives divergentes. Rien de plus simple que de souligner les différences entre les diverses productions. Mais cette accentuation des différences et des spécificités sera vaine si on ne détermine pas au préalable le fonds commun qui, de manière variée, parfois contradictoire, s'affirme en chacune d'elles. Notre bon vieil Aristote enseignait déjà que les choses différentes se distinguent par leurs ressemblances, c'est-à-dire par quelque caractère commun. C'est parce que les corps ont tous une couleur que nous remarquons que certains ont une couleur différente. Les espèces sont justement des spécifications d'un genre et nous ne les comprenons que lorsque nous les voyons moduler sous des formes diverses leur patrimoine commun.

Les directions particulières de l'art jeune ne m'intéressent guère et, à de rares exceptions près, une œuvre spécifique m'intéresse encore moins. Mais, de la même manière, mon appréciation des nouveaux produits artistiques ne doit intéresser personne. Les écrivains dont l'inspiration se résume à l'expression de leur estime ou mésestime envers les œuvres d'art ne devraient pas écrire. Ils ne sont pas faits pour ce dur labeur. Comme disait *Clarín* au sujet de certains dramaturges peu habiles, ils feraient mieux de consacrer leurs efforts à d'autres tâches : par exemple, à fonder une famille. Ils en ont déjà une ? Eh bien, qu'ils en fondent une autre.

Ce qui importe, c'est l'existence indubitable d'une nouvelle sensibilité esthétique [1]. Face à la pluralité de directions spéciales et d'œuvres individuelles, cette sensibilité représente ce qui est générique et est comme la source de celles-là. Voilà ce qui semble intéressant à définir.

En cherchant la note la plus générique et la plus caractéristique de la nouvelle production, je trouve la tendance à déshumaniser l'art. Le paragraphe antérieur précise cette formule.

Si, en comparant un tableau nouvelle manière

1. Cette nouvelle sensibilité ne se manifeste pas seulement chez les créateurs d'art, mais aussi parmi des gens qui ne sont que spectateurs. Quand j'ai dit que le nouvel art est un art pour artistes, j'entendais par "artistes" non seulement ceux qui produisent cet art, mais aussi ceux qui ont la capacité de percevoir des valeurs purement artistiques.

à un tableau de 1860, nous suivons l'ordre le plus simple, nous confronterons d'abord les objets représentés de part et d'autre, peut-être un homme, ou une maison, ou une montagne. Au premier coup d'œil, on remarque que l'artiste de 1860 s'est avant tout proposé que les objets de son tableau aient le même air et le même aspect que ceux qu'ils ont à l'extérieur, quand ils appartiennent à la réalité vécue ou humaine. Il est possible que, en plus de cela, l'artiste de 1860 se soit proposé de nombreuses autres complications esthétiques ; mais il importe de constater qu'il a commencé par s'assurer de cette ressemblance. Homme, maison et montagne sont reconnus sur-le-champ : ce sont nos bons vieux amis. Inversement, dans le tableau récent, il nous est difficile de les reconnaître. Le spectateur pense que le peintre n'est peut-être pas parvenu à rendre la ressemblance. Mais le tableau de 1860 peut également être "mal peint", c'est-à-dire que, entre les objets du tableau et ces mêmes objets à l'extérieur, il existe une grande distance, une divergence importante. Néanmoins, quelle que soit la distance, les erreurs de l'artiste traditionnel renvoient à l'objet "humain" ; elles sont autant de chutes sur le chemin qui mène à cet objet et équivalent au "Ceci est un coq" à l'aide duquel l'Orbaneja de Cervantès orientait son public.

Dans le tableau récent, c'est tout le contraire qui se produit : ce n'est pas que le peintre fasse fausse route et que ses écarts par rapport au "naturel" (naturel = humain) n'atteignent pas celui-ci ; ils signalent un chemin opposé à celui qui peut nous conduire à l'objet humain.

Loin de marcher plus ou moins maladroitement vers la réalité, on voit que le peintre est allé contre elle. Il s'est proposé, avec détermination, de la déformer, de briser son apparence humaine, de la déshumaniser. Dans une peinture traditionnelle, nous pourrions illusoirement cohabiter avec les choses représentées. De nombreux Anglais sont tombés amoureux de la Joconde. Dans une peinture nouvelle manière, la cohabitation avec les choses représentées est impossible ; en leur extirpant leur aspect de réalité vécue, le peintre a coupé les ponts et brûlé les vaisseaux qui pouvaient nous transporter vers notre monde habituel. Il nous enferme dans un univers abstrus, il nous force à fréquenter des objets qui ne peuvent être traités humainement. Nous devons donc improviser une autre forme de relation tout à fait différente du mode usuel de vivre les choses ; nous devons créer et inventer des actes inédits en adéquation avec ces figures insolites. Cette nouvelle vie, cette vie inventée après annulation de la vie spontanée, c'est précisément la compréhension et le plaisir artistiques. Elle ne manque pas de sentiments ni de passions, mais ces passions et ces sentiments appartiennent évidemment à une flore psychique bien distincte de celle qui couvre les paysages de notre vie primaire et humaine. Ce sont des émotions secondaires qu'éveillent en notre intériorité artistique ces ultra-objets [1]. Ce sont des sentiments spécifiquement esthétiques.

D'aucuns diront que, pour un tel résultat, il serait plus simple de faire totalement abstraction de ces formes humaines – homme, maison, montagne – et de construire des figures tout à fait originales. Mais ceci est, tout d'abord, irréalisable [2]. Il se peut que, dans la ligne ornementale la plus abstraite, vibre, larvée, une réminiscence tenace de certaines formes "naturelles". Ensuite – et c'est la raison principale –, l'art dont nous parlons n'est pas seulement inhumain parce qu'il ne contient pas de choses humaines, mais aussi parce qu'il consiste activement en cette opération de déshumanisation. Dans sa fuite de ce qui

1. L'"ultraïsme" est l'un des noms les plus justes qui aient été forgés pour désigner la nouvelle sensibilité.
2. On a fait une tentative dans ce sens extrême (certaines œuvres de Picasso), mais elle a été vouée à un échec exemplaire.

est humain, ce qui l'intéresse, ce n'est pas tant le terminus *ad quem*, la faune hétéroclite à laquelle il arrive, que le terminus *a quo*, l'aspect humain qu'il détruit. Il ne s'agit pas de peindre quelque chose de complètement différent d'un homme, d'une maison, ou d'une montagne, mais de peindre un homme qui ressemble le moins possible à un homme ; une maison qui ne conserve d'elle-même que le strict nécessaire pour que nous assistions à sa métamorphose ; un cône sorti comme par miracle de ce qui auparavant était une montagne, comme le serpent perd sa dépouille. Le plaisir esthétique pour l'artiste nouveau émane de ce triomphe sur ce qui est humain ; c'est pourquoi il faut matérialiser la victoire et présenter dans chaque cas la victime étranglée.

Le commun des mortels croit que c'est chose facile de fuir la réalité, alors qu'il n'y a rien de plus difficile au monde. Il est facile de dire ou de peindre une chose dénuée de sens, inintelligible ou nulle : il suffit d'enfiler des mots décousus [1], ou de tracer des lignes au hasard. Mais réussir à construire quelque

1. C'est ce qu'a fait la blague dadaïste. On peut remarquer (voir la note précédente) comment les mêmes extravagances et les essais infructueux du nouvel art découlent

chose qui ne soit pas une copie du "naturel" et qui, cependant, possède une substantivité, suppose le don le plus sublime.

La "réalité" guette l'artiste en permanence pour l'empêcher de s'évader. Que de ruses suppose la fugue géniale ! Il faut que l'artiste soit un Ulysse à l'envers, qui, libéré de sa Pénélope quotidienne, navigue entre les écueils vers les charmes de Circé. Quand il parvient à échapper un instant aux chausse-trappes perpétuelles, ne mésinterprétons pas l'air de suffisance de l'artiste, son air fugace à la manière de saint Georges, le dragon terrassé à ses pieds.

INVITATION À COMPRENDRE

DANS l'œuvre d'art préférée au XIXe siècle, il y a toujours un noyau de réalité vécue, qui devient comme la substance du corps esthétique. C'est sur elle qu'opère l'art et son opération se réduit à polir ce noyau humain, à le vernir, à lui donner du brillant, de la prestance ou de l'éclat. Pour la plupart, une telle structure de

assez logiquement de son principe organique. Ce qui démontre *ex abundantia* qu'il s'agit, en effet, d'un mouvement unitaire et hautement significatif.

l'œuvre d'art est la plus naturelle, la seule possible. L'art est le reflet de la vie, c'est la nature vue au travers d'un tempérament, c'est la représentation de l'humain, etc., etc. Mais voilà qu'avec la même conviction, les jeunes soutiennent le contraire. Pourquoi les vieux doivent-ils toujours avoir raison contre les jeunes aujourd'hui, alors que l'avenir donne toujours raison aux jeunes contre les vieux ? Il n'y a surtout pas lieu de s'indigner ni de crier. *Dove si grida non è vera scienza* (*Où l'on crie, la science n'est pas vraie*), disait Léonard de Vinci ; *Neque lugere neque indignari, sed intelligere* (*Ni mentir, ni s'indigner mais comprendre*) recommandait Spinoza. Nos convictions les mieux enracinées, les plus indubitables, sont les plus suspectes. Elles constituent nos limites, nos confins, notre prison. La vie est bien peu de chose si ne piaffe pas en elle un formidable élan en vue d'élargir ses frontières. On vit dans la mesure où l'on aspire à vivre davantage. Toute obstination à rester à l'intérieur de notre horizon habituel est synonyme de faiblesse, de décadence des énergies vitales. L'horizon est une ligne biologique, un organe vivant de notre être ; tant que nous jouissons de plénitude, l'horizon émigre, se dilate, ondule comme un élastique au rythme de notre respiration. En revanche, quand notre horizon se fige, cela signifie qu'il s'est ankylosé et que nous entrons dans la vieillesse.

Il n'est pas aussi évident que le supposent les académiciens que l'œuvre d'art doive consister, forcément, en un noyau humain que les muses peignent et polissent. Cela revient, pour l'instant, à réduire l'art à la seule cosmétique. Comme je l'ai indiqué précédemment, la perception de la réalité vécue et la perception de la forme artistique sont, en principe, incompatibles car elles requièrent une accommodation différente de notre appareil récepteur. Un art qui nous propose ce double regard sera un art bigle. Le XIXe siècle a louché outre mesure ; c'est pourquoi ses produits artistiques, loin de représenter un type normal d'art, sont sans doute la plus grande anomalie dans l'histoire du goût. Toutes les grandes époques artistiques ont évité que l'œuvre ait son centre de gravité dans ce qui est humain. Et cet impératif de réalisme exclusif qui a gouverné la sensibilité du XIXe siècle représente une monstruosité sans précédent dans l'évolution esthétique. Il en découle que la nouvelle inspiration, en apparence si extravagante, rejoint, ne serait-ce que sur un point, la voie royale de l'art. Car cette voie s'appelle "volonté de style". Or, styliser, c'est déformer le réel, déréaliser. Stylisation implique déshumanisation. Et vice versa, la seule façon de déshumaniser est de styliser. Le réalisme, en revanche, en invitant l'artiste à suivre docilement la forme des choses, l'invite à ne pas avoir de style. Ainsi, l'admirateur de Zurbarán, ne sachant que dire de ses tableaux dit qu'ils ont du "caractère", tout comme ont du caractère et non du style, Lucas Padilla ou Sorolla, Dickens ou Galdós. Par contre, le XVIIIe siècle, qui a si peu de caractère, est saturé de style.

LA DÉSHUMANISATION DE L'ART CONTINUE

LA JEUNE génération a déclaré "tabou" toute ingérence de ce qui est humain dans l'art. Nonobstant, ce qui est humain, le répertoire des éléments qui intègrent notre monde habituel, s'organise selon une hiérarchie de trois ordres. Il y a tout d'abord l'ordre des personnes ; il y a ensuite celui des êtres vivants ; il y a finalement les choses inorganiques. Eh bien : le veto du nouvel art s'exerce avec une énergie proportionnelle à la hauteur hiérarchique de l'objet. Ce qui est personnel, puisqu'il constitue le plus humain de l'humain, est ce que l'art jeune évite le plus.

Ceci se remarque très clairement dans la musique et dans la poésie.

De Beethoven à Wagner, le thème de la musique fut l'expression de sentiments personnels. L'artiste lyrique composait de grands édifices sonores pour y loger son autobiographie. L'art était plus ou moins confession. Il n'y avait pas d'autre plaisir esthétique que la contagion. "Dans la musique – disait encore Nietzsche –, les passions jouissent d'elles-mêmes." Wagner injecte dans le "Tristan" son adultère avec Mathilde Wesendonk et il ne nous laisse pas d'autre solution, si nous voulons apprécier son œuvre, que d'être quelques heures durant vaguement coupables d'adultère. Cette musique nous afflige et pour en jouir, nous devons pleurer, nous angoisser ou nous pâmer dans une volupté spasmodique. De Beethoven à Wagner, toute la musique est mélodrame.

C'est une déloyauté – dirait un artiste d'aujourd'hui. C'est se prévaloir d'une noble faiblesse propre à l'homme et par le biais de laquelle il a l'habitude d'être affecté par la douleur ou par la joie d'autrui. Cette contagion n'est pas d'ordre spirituel, c'est une répercussion mécanique, comme le crissement du verre sous une lame de couteau. Il s'agit d'un effet automatique, rien de plus. Il ne faut pas confondre chatouilles et joie. Le romantique chasse avec un appeau ; il profite avec malhonnêteté du rut de l'oiseau pour y incruster les plombs de ses notes. L'art ne peut consister en la contagion psychique, car cette dernière est un phénomène inconscient et l'art tout entier se doit d'être pure clarté, zénith d'intellection. Les pleurs et les rires sont des fraudes esthétiques. Le geste de la beauté ne dépasse jamais la mélancolie ou le sourire. C'est encore mieux, s'il ne les atteint pas. *Toute maîtrise jette le froid*[1] (Mallarmé).

Je crois que le jugement de l'artiste jeune est assez prudent. Le plaisir esthétique doit être un plaisir intelligent. Car parmi les plaisirs, certains sont aveugles et d'autres perspicaces. La joie du soûlard est aveugle ; elle a, comme toute chose au monde, sa cause : l'alcool, mais elle est gratuite. L'heureux gagnant de la loterie se réjouit lui aussi, mais sa réjouissance est d'un autre ordre : il se réjouit "de" quelque chose en particulier. La gaieté de l'ivrogne est

1. En français dans le texte. [N.d.T.]

hermétique, elle est renfermée sur elle-même, elle ignore d'où elle vient et, comme on dit d'habitude, "elle est sans fondements". La joie du gagnant, quant à elle, se fonde précisément sur la prise de conscience d'un fait qui la motive et la justifie. Il se réjouit car il voit un objet réjouissant en soi. C'est une joie clairvoyante, qui vit de sa motivation et qui semble couler de l'objet vers le sujet [1].

Tout ce qui se voudra spirituel et non mécanique devra avoir ce caractère perspicace, intelligent et motivé. Or, l'œuvre romantique suscite un plaisir qui n'a presque aucun lien avec son contenu. Qu'a donc à voir la beauté musicale – qui doit être située quelque part au loin, hors de moi, là où le son surgit – avec les passions intimes qu'elle peut éveiller en moi, passions dont le public romantique se délecte ? N'y a-t-il pas là un parfait quiproquo ? Au lieu de jouir de l'objet artistique, le sujet jouit de lui-même ; l'œuvre n'a été que la cause et l'alcool de son plaisir. Et ceci se produira

1. La causation et la motivation sont donc deux rapports tout à fait différents. Les causes de nos états de conscience n'existent pas pour eux : c'est la science qui doit les étudier. Par contre, le mobile d'un sentiment, d'une volition, d'une croyance, en fait partie, c'est un rapport conscient.

aussi longtemps qu'on fera consister l'art, de manière radicale, en une exposition de réalités vécues. Celles-ci nous prennent nécessairement au dépourvu, elles suscitent en nous une participation sentimentale qui nous empêche de les contempler dans leur pureté objective.

Voir est une action à distance. Chacun des arts utilise un appareil projecteur qui éloigne les choses et les transfigure. Sur son écran magique, nous les contemplons exilées, locataires d'un astre inabordable, terriblement lointaines. Lorsque cette déréalisation fait défaut, une hésitation fatale nous saisit : nous ne savons pas s'il faut vivre les choses ou les contempler.

Face aux statues de cire, nous avons tous ressenti un certain malaise. Celui-ci est dû à la méprise impérieuse qui les habite et nous empêche d'adopter en leur présence une attitude claire et définie. Lorsque nous les appréhendons comme des êtres vivants, elles se moquent de nous et nous dévoilent leur secret cadavérique de poupées et si nous les considérons comme des fictions, irritées, elles semblent frémir. Il est impossible de les réduire à de simples objets. Lorsque nous les regardons, nous sommes envahis par l'effrayant soupçon que ce sont elles qui nous regardent. Et nous finissons par éprouver du dégoût pour ces espèces de cadavres en location. La statue de cire, c'est le mélodrame à l'état pur.

Il me semble que la nouvelle sensibilité est dominée par un dégoût pour ce qui est humain dans l'art fort semblable à celui qu'a toujours éprouvé l'homme raffiné face aux statues de cire. En revanche, la macabre plaisanterie de cire a toujours enthousiasmé la plèbe. Posons-nous au passage quelques questions impertinentes, mais sans intention d'y répondre pour l'instant. Que signifie ce dégoût de ce qui est humain dans l'art ? Est-ce, par hasard, dégoût de ce qui est humain, de la réalité, de la vie, ou plutôt, tout le contraire : respect de la vie et répugnance à la voir confondue avec l'art, avec une chose aussi subalterne que l'art ? Mais que signifie appeler l'art fonction subalterne, le divin art, gloire de la civilisation, panache de la culture, etc., etc. ? J'ai déjà dit, lecteur, qu'il s'agissait de questions impertinentes. Qu'on les considère, pour l'instant, nulles et non avenues.

Le mélodrame atteint chez Wagner l'exaltation la plus démesurée. Et comme c'est toujours le cas, dès qu'une forme atteint son apogée, elle commence à se transformer en son contraire. Déjà chez Wagner, la voix humaine cesse d'être protagoniste et elle est engloutie dans le vacarme cosmique des autres instruments. Mais une transformation plus radicale était inévitable. Il fallait extirper les sentiments privés de la musique, la purifier en une objectivation exemplaire. Telle fut la prouesse de Debussy. Grâce à lui, il est possible d'écouter de la musique sereinement, sans ivresse ni sanglots. Toutes les variations d'intention qui ont eu lieu dans l'art musical au cours de ces dernières décennies se déroulent sur le nouveau terrain ultra-terrestre conquis avec génie par Debussy. Cette transformation du subjectif en objectif est d'une telle importance que, face à elle, les différenciations ultérieures disparaissent [1]. Debussy a déshumanisé la musique, c'est pourquoi la nouvelle ère de l'art sonore commence avec lui.

La même péripétie est arrivée dans le lyrisme. Il fallait libérer la poésie qui, chargée de matière humaine, était devenue un corps pesant et se traînait sur terre, en se blessant contre les arbres et contre les faîtes des toits, tel un ballon sans gaz. Mallarmé fut ici le libérateur qui rendit au

1. Pour une analyse plus poussée de la signification de Debussy eu égard à la musique romantique, voir mon essai *Musicalia*, dans *El Espectador III*, repris dans le tome II des *Obras completas 1916*, p. 365-374.

poème son pouvoir aérostatique et sa vertu ascendante. Lui-même ne réalisa peut-être pas son ambition, mais il fut le capitaine des nouvelles explorations éthérées qui ordonna la manœuvre décisive : lâcher du lest.

Qu'on se souvienne du thème de la poésie à l'époque romantique. Le poète nous faisait gentiment part de ses émotions privées de bon bourgeois ; de ses peines, grandes et petites, de ses nostalgies, de ses inquiétudes religieuses ou politiques et, s'il était anglais, de ses rêveries après la pipe. Par différents moyens, il aspirait à envelopper son existence quotidienne de pathétisme. Le génie individuel permettait, à l'occasion, que jaillisse autour du noyau humain du poème une photosphère radieuse, d'une matière des plus subtiles – par exemple, chez Baudelaire. Mais cet éclat était non prémédité. Le poète voulait toujours être un homme.

Et cela ne plaît pas aux jeunes gens ? – demande, avec une indignation réprimée, quelqu'un qui ne l'est pas. Mais que veulent-ils ? Que le poète soit un oiseau, un ichtyosaure, un dodécaèdre ?

Je ne sais pas, je ne sais vraiment pas ; mais je crois que le poète jeune, quand il poétise, cherche juste à être poète. Nous verrons plus tard à quel point tout le nouvel art, comme la nouvelle science, la nouvelle politique, la nouvelle vie, répugne surtout à la confusion des frontières. Vouloir que les frontières entre les choses soient bien établies est un symptôme d'équilibre mental. La vie est une chose, la poésie en est une autre – pensent-ils, ou du moins sentent-ils. Ne les mélangeons pas. Le poète commence là où finit l'homme. Le destin du second est de vivre son itinéraire humain ; la mission du premier d'inventer ce qui n'existe pas. C'est ainsi que se justifie le métier du poète. Le poète accroît le monde, ajoutant au réel, qui existe déjà par lui-même, un continent irréel. Auteur vient de "auctor", celui qui accroît. Les Latins appelaient ainsi le général qui gagnait un nouveau territoire pour la patrie.

Mallarmé fut le premier homme du siècle passé à vouloir être un poète. Comme il le dit lui-même, "il refusa les matériaux naturels" et composa de petits objets lyriques, différents de la faune et de la flore humaines. Cette poésie n'a pas besoin d'être "ressentie" car, comme il n'y a rien d'humain en elle, il n'y a rien de pathétique en elle. Si on parle d'une femme, c'est "d'aucune femme" et si l'horloge sonne, elle indique "l'heure absente aux cadrans". À force de négations, le vers de Mallarmé annule toute résonance vitale et il nous présente des figures tellement extraterrestres que leur simple contemplation nous procure déjà un plaisir extrême. Que peut faire parmi ces physionomies le pauvre visage de l'homme qui officie comme poète ? Une seule chose : disparaître, se volatiliser et se transformer en une pure voix anonyme qui soutient en l'air les mots, véritables héros de l'entreprise lyrique. Cette pure voix anonyme, simple substrat acoustique du vers, c'est la voix du poète, qui parvient à s'isoler de sa coquille d'homme.

Nous revenons toujours au même point : la fuite de la personne humaine. Les procédés de déshumanisation sont nombreux. Ceux qui dominent aujourd'hui sont sans doute bien différents de ceux qu'utilisa Mallarmé et je ne me cache pas que dans ses pages arrivent encore des vibrations et des sursauts romantiques. Mais tout comme la musique actuelle appartient à un bloc historique qui commence avec Debussy, toute la nouvelle poésie suit la voie tracée par Mallarmé. Le lien entre ces deux noms me semble essentiel si, levant le regard sur les indentations marquées par chaque inspiration particulière, on veut chercher la ligne d'un nouveau style.

Il est très peu probable qu'un contemporain de moins de trente ans soit intéressé par un livre où, sous couvert d'art, on lui raconte les allées et venues d'hommes et de femmes. Tout cela lui rappelle la sociologie, la psychologie et il l'accepterait volontiers si on ne confondait pas les choses et si on lui en parlait sociologiquement ou psychologiquement. Mais l'art est pour lui tout autre chose.

La poésie est aujourd'hui l'algèbre supérieure des métaphores.

LE "TABOU" ET LA MÉTAPHORE

LA MÉTAPHORE est probablement la puissance la plus fertile que possède l'homme. Son efficience arrive à toucher les confins de la thaumaturgie et ressemble à un travail de création que Dieu oublia à l'intérieur de l'une de ses créatures à l'époque où il lui donna forme, comme le chirurgien distrait laisse un instrument dans le ventre du patient.

Toutes les autres puissances nous maintiennent ancrés dans le réel, dans ce qui est déjà. Nous pouvons tout au plus additionner ou soustraire les choses entres elles. Seule la métaphore rend l'évasion possible et crée entre les choses réelles des récifs imaginaires, floraison d'îles en apesanteur.

L'existence chez l'homme de cette activité mentale qui consiste à supplanter une chose par une autre – plus par volonté de fuir la première que par désir d'atteindre la dernière – est vraiment étrange.

La métaphore escamote un objet en le masquant par un autre et cela n'aurait pas de sens si nous ne voyions pas derrière elle un instinct qui induit l'homme à éviter des réalités [1].

Lorsqu'un psychologue s'interrogea récemment sur l'origine de la métaphore, il découvrit à sa plus grande surprise que l'une de ses racines se trouve dans l'esprit du "tabou" [2]. Il fut un temps où la peur était l'inspiration suprême de l'homme, un âge dominé par la terreur cosmique. À cette époque, la nécessité se fait sentir d'éviter certaines réalités qui sont, cependant, inéluctables. L'animal le plus commun dans le pays, celui dont dépend la sustentation, acquiert un prestige sacré. Cette

1. Pour de plus amples développements sur la métaphore, voir l'essai "Las dos grandes metáforas" [Les deux grandes métaphores], publié dans *El Espectador IV* (1925), repris dans le tome II des *Obras completas* (p. 505-517) et l'essai "Ensayo de estética a manera de prólogo" [Essai d'esthétique en guise de prologue] (1914), repris dans l'actuel tome I des *Obras completas*, p. 664-680.
2. Voir Heinz Werner, *Die Ursprünge der Metapher* [Les origines de la métaphore], 1919.

consécration entraîne l'idée qu'on ne peut le toucher avec les mains. Que fait alors l'Indien Lilloet pour se nourrir ? Il s'accroupit et croise les mains sous ses fesses. De cette manière, il peut manger, car les mains sous les fesses sont une métaphore des pieds. Voilà un trope d'action, une métaphore élémentaire préalable à l'image verbale et qui tire son origine du souci d'esquiver la réalité.

Et puisque, pour l'homme primitif, le mot est un peu la chose même, nommée, il devient impératif de ne pas nommer l'objet terrible sur lequel repose le "tabou". C'est pour cela qu'on le désigne par le nom d'une autre chose, en le mentionnant sous une forme larvée et subreptice. Ainsi, le Polynésien qui ne doit rien nommer de ce qui appartient au roi, lorsqu'il voit brûler les torches dans son palais-cabane doit dire : "La foudre brûle dans les nuages du ciel." Voici l'élusion métaphorique.

Obtenu sous cette forme taboue, l'instrument métaphorique peut ensuite être utilisé aux fins les plus diverses, notamment celle qui a dominé en poésie et qui consistait à ennoblir l'objet réel. On se servait de l'image similaire dans une intention décorative, pour orner et enjoliver la réalité chérie. Il serait intéressant d'examiner si, dans la nouvelle inspiration poétique, lorsque la métaphore se fait substance plutôt qu'ornement, on remarque une supériorité insolite de l'image dénigrante qui, au lieu d'ennoblir et de mettre en valeur, rabaisse et maltraite la pauvre réalité. Il y a peu, je lisais chez un jeune poète que l'éclair est un mètre de menuisier et les arbres dénudés en hiver des balais pour nettoyer le ciel. L'arme lyrique se dresse contre les choses naturelles et les blesse ou les assassine.

SUPRARÉALISME ET INFRARÉALISME

MAIS si la métaphore est l'instrument de déshumanisation le plus radical, on ne peut pas dire qu'elle soit le seul. Ils sont très nombreux et de portées diverses.

L'un, le plus simple, se résume à un simple changement de la perspective habituelle. Du point de vue humain, les choses ont un ordre et une hiérarchie déterminés. Certaines nous semblent très importantes, d'autres moins, d'autres encore tout à fait insignifiantes. Pour satisfaire l'avidité de déshumanisation, nous ne sommes pas obligés d'altérer les formes primaires des choses. Il suffit d'inverser la hiérarchie et de faire un art dans lequel les événements de la vie les plus infimes apparaissent au premier plan, soulignés avec un air monumental.

Tel est le lien latent qui unit les manières du nouvel art les plus distantes en apparence. Un même instinct de fuite et d'évasion du réel se satisfait de la métaphore dans le supraréalisme et dans ce qu'il convient d'appeler "infra-réalisme". L'ascension poétique peut être remplacée par une immersion en dessous du niveau de la perspective naturelle. Les meilleurs exemples qui illustrent comment, en poussant le réalisme à l'extrême, on le dépasse – tout simplement en prêtant attention, la loupe à la main, aux choses microscopiques de la vie –, ce sont Proust, Ramón Gómez de la Serna, Joyce.

Ramón peut composer tout un livre sur les seins – quelqu'un l'a appelé "le nouveau Colomb qui navigue vers des hémisphères" –, sur le cirque, sur l'aube, sur le Rastro ou sur la Puerta del Sol. Le procédé consiste simplement à donner le premier rôle du drame vital aux bas quartiers de l'attention, à ce que nous négligeons d'habitude. Giraudoux, Morand, etc., appartiennent, chacun à leur manière, à la même équipe lyrique.

Ceci explique l'enthousiasme de ces deux derniers pour l'œuvre de Proust et, de manière générale, nous éclaire sur le plaisir que cet écrivain, vraiment d'une autre époque, donne à la jeune génération. L'essentiel que son livre *latifundium* a en commun avec la nouvelle sensibilité, c'est sans doute le changement de perspective : dédain face aux anciennes formes monumentales de l'âme que décrivait le roman et attention inhumaine à la fine structure des sentiments, des relations sociales, des caractères.

LA MISE À L'ENVERS

LORSQU'ELLE se fait substance, la métaphore devient, plus ou moins, protagoniste des destinées poétiques. Ceci implique simplement que l'intention esthétique a changé de signe, qu'elle s'est mise à l'envers. Auparavant, la métaphore se greffait sur une réalité, à la manière d'une décoration, d'une dentelle ou d'une chape pluviale. Maintenant, au contraire, on essaye d'éliminer le soutien extrapoétique ou réel et il s'agit de réaliser la métaphore, d'en faire la *res* poétique. Mais cette inversion du processus esthétique n'est pas exclusive du devoir métaphorique, elle se vérifie dans tous les ordres et avec tous les moyens au point de devenir un caractère général – comme tendance [1] – de tout l'art en vogue.

La relation de notre esprit aux choses consiste à les penser, à s'en former des idées. En réalité, nous ne possédons du réel que les idées que nous avons réussi à nous en former. Elles sont comme le belvédère depuis lequel nous regardons le monde. Goethe disait très justement que chaque nouveau concept est comme un nouvel organe qui surgirait en nous. C'est donc avec les idées que nous voyons les choses et, dans l'attitude naturelle de l'esprit, nous ne les remarquons pas, tout comme l'œil qui regarde ne se voit pas. En d'autres mots, penser, c'est désirer ardemment capter la réalité par le biais des idées ; le mouvement spontané de l'esprit va des concepts au monde.

Mais il se fait qu'entre l'idée et la chose, il y a toujours une distance absolue. Le réel déborde toujours le concept qui essaie de le contenir. L'objet est toujours plus que ce qui est pensé dans l'idée et l'est d'une manière différente. Cette idée demeure toujours à l'état

1. Il serait fastidieux de répéter, en bas de chaque page, que tous les traits que je souligne comme essentiels au nouvel art doivent être compris au sens d'inclinations prédominantes, non au sens d'attributions absolues.

d'un misérable schéma, d'un échafaudage par lequel nous essayons d'atteindre la réalité. Néanmoins, la tendance naturelle nous porte à croire que la réalité est ce que nous en pensons et, par conséquent, à la confondre avec l'idée, en la prenant de bonne foi pour la chose elle-même. En somme, notre prurit vital de réalisme nous fait tomber dans une idéalisation naïve du réel. Telle est la propension innée, “humaine”.

Si maintenant, au lieu de nous laisser aller en direction de notre objectif, nous l'inversons et, tournant le dos à la réalité présumée, nous prenons les idées pour ce qu'elles sont – de simples schémas subjectifs – et les faisons vivre en tant que telles, avec leur profil anguleux, maladif, mais transparent et pur – en résumé, si nous nous proposons délibérément de réaliser les idées –, nous les aurons déshumanisées, déréalisées. Car elles sont, en effet, irréalité. Les prendre pour la réalité, c'est idéaliser – falsifier naïvement. Les faire vivre dans leur réalité même, c'est, disons-le ainsi, réaliser l'irréel en tant qu'irréel. Ici, nous n'allons pas de l'esprit au monde, mais en sens inverse ; nous donnons de la plasticité, nous objectivons, nous *mondifions* les schémas, ce qui est interne et subjectif.

Le peintre traditionnel qui fait un portrait prétend s'être emparé de la réalité de la personne alors qu'en vérité il a tout au plus laissé sur la toile une sélection schématique, décidée de manière capricieuse par son esprit, de l'infinitude qui compose la personne réelle. Que se passerait-il si, au lieu de vouloir peindre cette personne, le peintre décidait de peindre son idée, son schéma de la personne ? Le tableau serait alors la vérité même et l'échec inévitable n'aurait pas lieu. En renonçant à émuler la réalité, le tableau se transformerait en ce qu'il est authentiquement : un tableau – une irréalité.

L'expressionisme, le cubisme, etc., ont été, de différentes manières, des tentatives pour vérifier cette résolution dans la direction radicale de l'art. On est passé de la peinture des choses à la peinture des idées : l'artiste est devenu aveugle au monde extérieur et a retourné ses pupilles vers les paysages internes et subjectifs.

Nonobstant ses grossièretés et la rusticité continue de son matériau, l'œuvre de Pirandello, *Six personnages en quête d'auteur*, a sans doute été la seule, ces derniers temps, qui ait suscité la méditation de l'amateur de l'esthétique dramatique. Elle est un exemple clair de cette inversion du thème artistique que je tente de décrire. Le théâtre traditionnel nous propose de voir dans ses personnages des personnes et dans leurs simagrées l'expression d'un drame "humain". Ici, au contraire, on arrive à nous intéresser aux personnages en tant que tels, c'est-à-dire en tant qu'idées ou purs schémas.

Il faudrait affirmer que cette pièce est le premier "drame d'idées", *stricto sensu*, qui ait été composé. Ceux qu'on nommait ainsi auparavant n'étaient pas de vrais drames d'idées, mais des drames de pseudo-personnes qui symbolisaient des idées. Dans *Six personnages*, le douloureux destin que ceux-ci représentent est un simple prétexte et il se trouve dénaturé ; nous assistons, en revanche, au drame réel d'idées en tant que telles, de fantômes subjectifs qui gesticulent dans l'esprit d'un auteur. La tentative de déshumanisation est on ne peut plus claire et la possibilité d'y parvenir, dans ce cas-ci, est démontrée. En même temps, on remarque de manière exemplaire la difficulté du grand public à accommoder sa vision à cette perspective inversée. Il recherche le drame humain que l'œuvre dénature constamment, qu'elle occulte et sur lequel elle ironise, en mettant à sa place – c'est-à-dire au premier plan – la fiction théâtrale en tant que telle, comme fiction. Le grand public s'irrite lorsqu'on le trompe et il ne sait pas prendre du plaisir dans cette délicieuse fraude de l'art, d'autant plus exquise qu'elle manifeste plus ouvertement sa texture frauduleuse.

ICONOCLASTIE

IL NE semble pas excessif d'affirmer que les arts plastiques du nouveau style ont révélé un véritable dégoût pour les formes vives ou pour les êtres vivants. Le phénomène devient tout à fait évident si on compare l'art actuel avec l'époque où la peinture et la sculpture émergent de la discipline gothique comme d'un cauchemar et donnent la grande récolte mondaine de la Renaissance. Pinceau et ciseau se délectent voluptueusement à suivre le tracé que le modèle animal ou végétal présente dans ses chairs molles où palpite la vitalité. Peu importe le type d'êtres, à condition que la vie leur transmette ses battements dynamiques. Et la forme organique se répand du tableau ou de la sculpture sur la décoration. C'est l'époquc des cornes d'abondance, sources de vie torrentielle, qui menacent d'inonder l'espace avec leurs fruits ronds et mûrs.

Pourquoi l'artiste d'aujourd'hui est-il horrifié à l'idée de suivre la ligne molle du corps vivant et la supplante-t-il par le schéma géométrique ?

Toutes les erreurs, voire les escroqueries du cubisme n'occultent pas le fait que pendant un certain temps nous nous sommes amusés dans un langage de pures formes euclidiennes.

Le phénomène se complique lorsque nous nous souvenons que cette furie de géométrisme plastique traverse l'histoire de manière régulière. Dans l'évolution de l'art préhistorique, nous voyons déjà que la sensibilité commence par chercher la forme vive et finit par l'éluder, comme si elle était terrorisée ou dégoûtée, se repliant sur des signes abstraits, résidu ultime de figures animées ou cosmiques. Le serpent se stylise en méandre, le soleil en svastika. Parfois, ce dégoût de la forme vive s'enflamme en haine et provoque des conflits publics. La révolution contre les images du christianisme oriental, l'interdiction sémitique de reproduire des animaux – un instinct opposé à celui des hommes qui décorèrent la grotte d'Altamira – ont, sans aucun doute, en plus de leur sens religieux, un ancrage dans la sensibilité esthétique, dont l'influence postérieure dans l'art byzantin est évidente.

Il serait fort intéressant d'étudier très attentivement les éruptions d'iconoclastie qui surgissent encore et encore dans la religion et dans l'art. Dans le nouvel art, cet étrange sentiment iconoclaste agit, bien sûr, et sa devise pourrait bien être ce commandement de Porphyre, adapté par les manichéens, que saint Augustin combattit violemment : *Omne corpus fugiendum est* (*Tout corps est fugace*). Il est clair qu'il se réfère au corps vivant. Curieuse inversion de la culture grecque, qui, à son apogée, fut si amie des formes vivantes !

INFLUENCE NÉGATIVE DU PASSÉ

L'INTENTION de cet essai se limite, comme je l'ai dit, à établir la filiation du nouvel art à travers certains de ses traits différentiels. Mais cette intention se trouve, à son tour, au service d'une curiosité plus large que ces pages n'osent pas satisfaire, laissant le lecteur qui l'éprouverait livré à sa méditation solitaire. Je fais allusion à ce qui suit.

J'ai indiqué ailleurs [1] que l'art et la science purs, précisément parce que ce sont les activités les plus libres, les moins étroitement liées aux conditions sociales de chaque époque,

1. Voir mon livre *El tema de nuestro tiempo* (*Le Thème de notre temps*), aujourd'hui repris dans le tome III des *Obras completas*, p. 559-652.

sont les premiers faits qui laissent transparaître le moindre changement de la sensibilité collective. Si l'homme modifie son attitude radicale face à la vie, son nouveau tempérament commencera par se manifester dans la création artistique et dans ses émanations idéologiques. La subtilité des deux matières les rend infiniment dociles au plus léger souffle des alizés spirituels. Tout comme à la campagne nous ouvrons les volets le matin pour regarder la fumée des cheminées et ainsi deviner d'où soufflera le vent qui va gouverner la journée, nous pouvons nous pencher sur l'art et la science des nouvelles générations avec une curiosité météorologique.

Mais pour cela, il faut impérativement commencer par définir le nouveau phénomène. Ce n'est qu'ensuite qu'on pourra s'interroger sur le nouveau style général de vie dont il est le symptôme et le présage. La réponse exigerait que l'on cherche les causes de cet étrange virage que prend l'art, ce qui serait une entreprise trop ardue pour que l'on puisse s'y lancer ici. Pourquoi ce prurit de "déshumaniser", pourquoi ce dégoût des formes vives ? Ce phénomène, comme tout phénomène historique, a probablement d'innombrables racines, dont l'examen requiert l'odorat le plus fin.

Cependant, quelles que soient les autres causes, il en existe une extrêmement claire, bien qu'elle ne prétende pas être décisive.

Il n'est pas facile d'exagérer l'influence que le passé de l'art exerce toujours sur son propre avenir. Il se produit toujours chez l'artiste un choc ou une réaction chimique entre sa sensibilité originale et l'art qui a déjà été fait. Il ne se trouve pas seul face au monde ; en réalité, dans ses relations avec celui-ci, la tradition artistique intervient toujours comme un truchement. Quel sera le mode de cette réaction entre la sensibilité originale et les belles formes du passé ? Elle peut être positive ou négative. L'artiste aura des affinités avec le passé et se considérera lui-même comme son enfant, comme son héritier ou comme celui qui le perfectionne ; ou alors, il éprouvera une répulsion spontanée, indéfinissable, fluctuante, envers les artistes traditionnels, les artistes en titre, les décideurs. Dans le premier cas, il ressentira une certaine volupté en s'installant dans le moule des conventions en usage et en répétant certains de ses gestes consacrés ; dans le second, il ne produira pas seulement une œuvre différente de celles qu'il a reçues, mais éprouvera également la même volupté en dotant cette œuvre d'un caractère agressif tourné contre les normes prestigieuses.

On a tendance à oublier ceci lorsque l'on parle de l'influence du passé sur le présent. On a toujours observé, sans difficulté, dans l'œuvre d'une époque donnée, la volonté de ressembler plus ou moins à celles d'une autre époque. En revanche, presque tout le monde semble trouver laborieux de relever l'influence négative du passé et de noter qu'un nouveau style est souvent formé par la négation consciente et jouissive des styles traditionnels.

Il s'avère qu'on ne peut comprendre la trajectoire de l'art, du romantisme à nos jours, si l'on ne tient pas compte de cette humeur négative, de cette agressivité et de cette moquerie de l'art ancien comme facteurs du plaisir esthétique. Baudelaire se complaît dans la Vénus noire précisément parce que la Vénus classique est blanche. Depuis lors, les styles qui se sont succédé ont augmenté la dose d'ingrédients négatifs et blasphématoires dans lesquels se complaisait, voluptueuse, la tradition, au point qu'aujourd'hui le profil du nouvel art est presque composé de pures négations de l'art ancien. On comprend qu'il en soit ainsi. Lorsqu'un art évolue de façon continue des siècles durant, sans rupture significative ni catastrophes historiques qui interrompent son évolution, la production s'amoncelle et la dense tradition retombe progressivement sur l'inspiration du jour. En d'autres mots : entre l'artiste qui naît et le monde s'interpose un volume croissant de styles traditionnels, qui interceptent la communication directe et originale entre eux. De sorte que, de deux choses l'une, soit la tradition finit par déloger toute puissance originale – ce fut le cas de l'Égypte, de Byzance, de l'Orient en général –, soit le poids du passé sur le présent doit changer de signe et il faut qu'advienne une longue époque au cours de laquelle le nouvel art se guérit peu à peu de l'art suranné qui l'étouffe. Tel a été le cas de l'âme européenne, dans laquelle un instinct futuriste prédomine sur l'irrémédiable traditionalisme et le passéisme orientaux.

Une bonne partie de ce que j'ai appelé "déshumanisation" et dégoût des formes vivantes provient de cette antipathie envers l'interprétation traditionnelle des réalités. La vigueur de l'attaque est en raison directe des distances. C'est pourquoi, ce qui répugne le plus les artistes d'aujourd'hui, c'est le mode prédominant au siècle passé, en dépit du fait qu'on y trouve une bonne dose d'opposition à des styles plus anciens. Par contre, la nouvelle sensibilité feint une sympathie suspecte envers l'art le plus éloigné dans le temps et dans l'espace, envers ce qui touche à la préhistoire et envers l'exotisme sauvage. À vrai dire, ce qui lui plaît dans ces œuvres primitives, c'est – plus que les œuvres-mêmes – leur *ingénuité*, c'est-à-dire l'absence d'une tradition qui ne s'était pas encore formée.

Si nous regardons maintenant en coin la question du type de vie qui se révèle dans cette attaque contre le passé artistique, nous sommes saisis par une étrange vision d'un dramatisme géant. Car, en fin de compte, agresser l'art passé, de manière si générale, revient à se retourner contre l'*Art* lui-même ; car qu'est-ce que l'art concrètement si ce n'est celui qui s'est fait jusqu'ici ?

Mais alors, un ras-le-bol de l'art, une haine de l'art ne se cachent-ils pas sous le masque d'amour de l'art pur ? Comment serait-ce possible ? La haine de l'art ne peut surgir que là où germent également la haine de la science, la haine de l'État, la haine, en somme, de toute la culture. Une rancœur inconcevable contre leur propre essence historique fermente-t-elle dans les cœurs européens, quelque chose comme l'*odium professionis* qui saisit le moine, après de longues années de cloître, une aversion à l'égard de sa discipline, à l'égard de cette règle même qui a informé sa vie ? [1]

L'heure est venue de lever ma plume pour que puisse prendre son envol, telles des grues, une volée d'interrogations.

IRONIQUE DESTIN

IL A été dit précédemment que le nouveau style, pris au sens le plus large, consiste à éliminer les ingrédients "humains, trop humains", et à ne conserver que la matière purement artistique. Ceci semble impliquer un grand enthousiasme pour l'art. Mais si on contourne le même fait et qu'on le contemple sous un autre angle, nous lui découvrons une

1. Il serait intéressant d'analyser les mécanismes psychologiques au travers desquels l'art d'hier influence de manière négative celui de demain. D'entrée de jeu, il y en a un très clair : la lassitude. La simple répétition d'un style engourdit et fatigue la sensibilité. Wölfflin a montré dans ses *Principes fondamentaux de l'histoire de l'art* le pouvoir que la lassitude a eu à plusieurs reprises pour mobiliser l'art, l'obligeant à se transformer. Plus encore en littérature. Cicéron dit encore pour "parler latin" *latine loqui* ; mais au ve siècle, Sidoine Apollinaire devra dire *latialiter insusurrare* (*chuchoter en latin*). Cela faisait trop de siècles qu'on disait la même chose de la même manière.

facette opposée de dégoût ou de dédain. La contradiction est patente et il importe grandement de la souligner. En définitive, cela signifierait que le nouvel art est un phénomène de nature équivoque, chose, en vérité, en rien surprenante, car sont équivoques presque tous les faits majeurs de ces dernières années. Il suffirait d'analyser un tant soit peu les événements politiques de l'Europe pour y trouver la même essence équivoque.

Cependant, cette contradiction entre l'amour et la haine d'une même chose s'atténue légèrement si on regarde de plus près la production artistique actuelle.

La première conséquence qu'entraîne ce repli de l'art sur lui-même, c'est d'ôter à l'art tout pathétisme. Dans l'art chargé d'"humanité" résonnait le caractère grave, inhérent à la vie. L'art était une chose très sérieuse, quasi hiératique. Parfois, il ne prétendait rien moins que sauver l'espèce humaine – chez Schopenhauer et chez Wagner. Et pourtant, quiconque médite là-dessus ne peut qu'être surpris de voir que la nouvelle inspiration est toujours, et de manière indéfectible, comique. Elle résonne tout entière sur cette seule corde et ce seul ton. Le comique sera plus ou moins violent et passera de la franche clownerie au discret clin d'œil ironique, mais il ne fait jamais défaut. Et ce n'est pas que le contenu de l'œuvre soit comique – cela serait retomber dans un mode ou une catégorie du style “humain” – mais que, quel que soit son contenu, l'art lui-même se fait plaisanterie. Chercher, comme je l'ai indiqué plus tôt, la fiction en tant que telle est un but que l'on ne peut se fixer que dans un état d'esprit jovial. On se tourne vers l'art précisément parce qu'on le reconnaît en tant que farce. Voilà ce qui perturbe le plus la compréhension des œuvres jeunes dans le chef des personnes sérieuses, d'une sensibilité moins actuelle. Elles pensent que la peinture et la musique des nouveaux est une pure “farce” – au mauvais sens du terme – et n'admettent pas la possibilité que quelqu'un voie justement dans la farce la mission radicale de l'art et son occupation salutaire. L'art serait une “farce” – au mauvais sens du terme – si l'artiste actuel prétendait entrer en lice avec l'art “sérieux” du passé et si un tableau cubiste sollicitait le même type d'admiration pathétique, quasi religieuse, qu'une statue de Michel-Ange. Mais l'artiste d'aujourd'hui nous invite à contempler un art qui est une blague, qui est, essentiellement, une moquerie de lui-même. Car c'est en cela que réside le comique de cette inspiration. Au lieu de se moquer d'une personne ou d'une chose déterminée – sans victime, il n'y a pas de comédie –, le nouvel art tourne l'art en ridicule.

Et que l'on ne pousse pas de grands cris, en entendant cela, si l'on veut rester prudent. Jamais l'art ne démontre aussi bien son don magique que dans cette moquerie de soi. Car en faisant mine de s'autodétruire, il est toujours art et, par une merveilleuse dialectique, sa négation est sa conservation et son triomphe.

Je doute fort qu'un jeune d'aujourd'hui puisse être intéressé par un vers, un coup de pinceau, un son qui ne comporte pas un reflet ironique.

Après tout, ce n'est pas complètement nouveau, ni comme idée ni comme théorie. Au début du XIXe siècle, un groupe de romantiques allemands conduit par les frères Schlegel proclama l'Ironie comme catégorie esthétique suprême pour des raisons qui coïncident avec la nouvelle intention de l'art. Celui-ci ne se justifie pas s'il se limite à reproduire la réalité, la dupliquant en vain. Sa mission consiste à susciter un horizon irréel. Pour y arriver, il n'existe pas d'autres moyens que de nier notre réalité, en nous situant par cet acte au-dessus d'elle. Être artiste équivaut à ne pas prendre au sérieux l'homme si sérieux que nous sommes lorsque nous ne sommes pas artistes.

Il est clair que ce destin d'inévitable ironie donne au nouvel art une teinte monotone tout à fait propre à désespérer l'homme le plus patient. Mais, en même temps, la contradiction entre l'amour et la haine, signalée auparavant, est nivelée.

La rancœur se retourne contre l'art qui se prend au sérieux, l'amour se dirige vers l'art victorieux et farceur, qui triomphe de tout, y compris de soi. Tout comme dans un système de miroirs qui se réfléchissent indéfiniment les uns dans les autres, aucune forme n'est la dernière. Toutes sont moquées et réduites à pure image.

LA NON TRANSCENDANCE DE L'ART

TOUT cela vient se condenser dans le symptôme le plus aigu, le plus grave, le plus profond que présente l'art jeune, un trait des plus étranges de la nouvelle sensibilité esthétique qui réclame une méditation attentive. C'est une chose très délicate à dire, notamment, parce qu'elle est très difficile à formuler avec justesse.

Pour l'homme de la toute nouvelle génération, l'art est une chose sans transcendance. À peine ai-je écrit cette phrase, je m'en effraie, remarquant l'irradiation infinie de sens possibles. Ce n'est pas que l'homme d'aujourd'hui trouve que l'art est une chose sans importance ou moins importante que l'homme d'hier, c'est que l'artiste lui-même considère son art comme un travail non transcendant. Mais même ceci n'exprime pas rigoureusement la véritable situation. Ce n'est pas que l'artiste soit peu intéressé par son œuvre et son métier, c'est qu'il s'y intéresse précisément parce qu'ils n'ont pas d'importance capitale et dans la mesure où ils en sont dépourvus. On ne comprend pas bien la situation si on ne la confronte pas à ce qu'était l'art il y a trente ans et, de manière générale, tout au long du siècle dernier. La poésie ou la musique étaient alors des activités d'une énorme portée ; on n'attendait rien moins d'elles que le salut de l'espèce humaine sur les ruines des religions et du relativisme inévitable de la science. L'art était transcendant dans un double sens. Il l'était par son sujet, qui traitait d'habitude des problèmes les plus graves de l'humanité ; et il l'était en soi, comme puissance humaine qui conférait justification et dignité à l'espèce. Il fallait voir l'air solennel qu'adoptaient le grand poète et le musicien génial face à la masse ; air de prophète ou de fondateur de religion, posture majestueuse d'homme d'État responsable des destinées universelles.

J'imagine qu'un artiste d'aujourd'hui serait atterré de devoir endosser une mission d'une telle ampleur et de se voir obligé, par conséquent, de traiter dans son œuvre des matières capables d'aussi grandes répercussions. Justement, il a le sentiment que cela fleure le résultat artistique lorsqu'il commence à observer que l'air perd de son sérieux et que les choses se mettent à cabrioler légèrement, libres de toute formalité. Ces pirouettes universelles sont pour lui le signe authentique de l'existence des muses. S'il convient de dire que l'art sauve l'homme, c'est uniquement parce qu'il le sauve du sérieux de la vie et qu'il suscite en lui un âge puéril inespéré. La flûte enchantée de Pan, qui fait danser les boucs à l'orée du bois, redevient le symbole de l'art.

Tout le nouvel art devient compréhensible et acquiert une certaine dose de grandeur lorsqu'on l'interprète comme une tentative de créer de la puérilité dans un monde ancien. D'autres styles exigeaient qu'on les connecte aux dramatiques mouvements sociaux et politiques ou encore aux profonds courants philosophiques ou religieux. Le nouveau style, au contraire, doit évidemment être rapproché du triomphe des sports et des jeux. Ce sont deux faits apparentés, d'une seule et même origine.

En l'espace de quelques années, nous avons vu monter la marée du sport dans les pages des journaux, faisant chavirer presque toutes les caravelles du sérieux. Les articles de fond menacent de sombrer dans leur abîme majuscule et, à la surface, godillent, victorieuses, les yoles des régates.

Le culte du corps est un éternel symptôme de l'inspiration enfantine, car il n'est beau et agile que la jeunesse durant, tandis que le culte de l'esprit indique une volonté de vieillissement, car il n'atteint sa plénitude que lorsque le corps est entré en décadence. Le triomphe du sport signifie la victoire des valeurs de la jeunesse sur celles de la vieillesse. La même chose se passe avec le cinématographe, l'art corporel par excellence.

Dans ma génération, les manières de la vieillesse jouissaient encore d'un énorme prestige. Le jeune homme aspirait à ne plus être un jeune homme le plus tôt possible et il préférait imiter la démarche fatiguée de l'homme d'âge caduc. Aujourd'hui, les garçons et les filles s'efforcent de prolonger leur enfance et les jeunes gens de conserver et de souligner leur jeunesse. Cela ne fait aucun doute : l'Europe entre dans une étape de puérilité.

Cela ne doit pas nous surprendre. L'histoire se meut au gré de grands rythmes biologiques. Ses plus grandes mutations ne peuvent résulter de causes secondaires et de détails, mais de facteurs très élémentaires, de forces primaires à caractère cosmique. Il serait étonnant que les différences majeures et en quelque sorte polaires, qui existent chez l'être vivant – le sexe et l'âge –, n'exercent pas également une influence souveraine sur le profil des époques. En effet, on remarque facilement que l'histoire se balance en rythme d'un pôle à l'autre, permettant la domination des qualités masculines à certaines époques, féminines à d'autres, ou alors exalte tantôt le caractère juvénile, tantôt celui de la maturité ou de la vieillesse.

L'aspect que prend peu à peu l'existence européenne dans tous les domaines annonce un temps de masculinité et de jeunesse. La femme et le vieil homme doivent céder, pour un temps, le gouvernail de la vie aux jeunes hommes et il n'est pas surprenant que le monde semble perdre peu à peu de son sérieux.

Tous les caractères du nouvel art peuvent se résumer à sa non transcendance, qui n'est autre que le changement de position de l'art dans la hiérarchie des préoccupations ou des intérêts humains. On peut représenter ceux-ci comme une série de cercles concentriques, dont le rayon mesure la distance dynamique par rapport à l'axe de notre vie, où agissent nos désirs suprêmes. Les choses de tous ordres – vitales ou culturelles – parcourent ces diverses orbites, plus ou moins attirées par le centre cordial du système. Je pourrais donc dire que l'art, autrefois situé – comme la science ou la politique – tout près de l'axe enthousiaste, support de notre personnalité, s'est déplacé vers la périphérie. Il n'a perdu aucun de ses attributs extérieurs, mais s'est fait distant, secondaire et plus léger.

L'aspiration à l'art pur n'est pas, comme on a l'habitude de le croire, synonyme de suffisance, mais, au contraire, de grande modestie. En se vidant du pathétisme humain, l'art perd toute transcendance ; il n'est plus qu'art, sans autre prétention.

CONCLUSION

ISIS myrionyme, Isis aux dix mille noms, c'est ainsi que les Égyptiens appelaient leur déesse. Toute réalité est multiple. Ses composantes, ses traits sont incalculables. N'est-il pas audacieux de vouloir définir une chose, même la plus modeste, par quelques dénominations ? Ce serait un hasard remarquable que les traits que nous avons soulignés entre mille soient, en effet, les traits décisifs. L'improbabilité augmente lorsqu'il s'agit d'une réalité naissante qui commence sa trajectoire dans les espaces.

Il est donc plus que probable que cet essai de filiation du nouvel art ne contienne que des erreurs. Au moment de l'achever, naissent maintenant en moi, en son lieu et place, la curiosité et l'espoir qu'à sa suite on en fasse d'autres plus précis. Ensemble, nous pourrons nous partager les dix mille noms.

Mais ce serait dupliquer mon erreur si on prétendait la corriger en insistant seulement sur un trait partiel, non inclus dans cette anatomie. Les artistes ont l'habitude de tomber dans ce travers lorsqu'ils parlent de leur art et ne prennent pas assez de recul pour avoir une vue d'ensemble des faits. Néanmoins, il est hors de doute que la formule la plus proche de la vérité sera celle qui, dans une tournure plus unitaire et plus harmonique, vaudra pour un plus grand nombre de particularités – et comme sur le métier à tisser, un seul mouvement de navette noue mille fils.

J'ai été animé exclusivement par le désir d'essayer de comprendre – non par la colère, ni par l'enthousiasme. J'ai cherché le sens des nouveaux desseins artistiques, ce qui suppose, bien sûr, un état d'esprit empli d'une bienveillance préalable. Mais est-il possible d'aborder différemment un sujet sans le condamner à la stérilité ?

D'aucuns diront que le nouvel art n'a jusqu'à présent rien produit qui vaille la peine et je ne suis pas loin de penser la même chose. Des œuvres jeunes, j'ai tenté d'extraire l'intention, c'est-à-dire la substantifique moelle et je me suis désintéressé de leur réalisation. Qui sait le parti que l'on pourra tirer de ce style naissant ! L'entreprise dans laquelle il se lance est fabuleuse – il veut créer à partir de rien. J'espère qu'à l'avenir il se contentera de moins et réussira mieux.

Mais, quelles que soient ses erreurs, il y a un point, à mon sens, inébranlable dans la nouvelle position : l'impossibilité de faire marche arrière. Toutes les objections que l'on peut formuler à l'encontre de l'inspiration de ces artistes peuvent être pertinentes ; elles n'apporteront toutefois pas une raison suffisante pour la condamner. À ces objections, il faudrait ajouter autre chose : la suggestion d'un autre chemin pour l'art, un chemin qui ne soit pas déshumanisant et n'emprunte pas de nouveau les voies dont on a usé et abusé.

Il est très facile de crier que l'art est toujours possible au sein de la tradition. Mais cette phrase confortable ne sert à rien à l'artiste qui attend, le pinceau ou la plume à la main, une inspiration concrète.

NOTE DES TRADUCTRICES

LES ÉDITIONS espagnoles de *La Déshumanisation de l'art* – parfois suivies des *Idées sur le roman* (*Ideas sobre la novela*) ou d'"Autres essais esthétiques" (*Otros ensayos estéticos*) – sont innombrables. Outre différentes éditions en format de poche, il existe deux éditions critiques du texte (Biblioteca Nueva, Austral). Cet essai a bien évidemment été repris dans les différentes éditions des "Œuvres complètes" (Revista de Occidente, 1947 ; Revista de Occidente-Alianza, 1983), et notamment dans le tome III de la dernière et récente édition : *Obras completas 1917-1925* (Madrid, Taurus, 2005, p. 847-877).

Nous sommes reparties de cette édition qui suit la première, parue en 1925. Celle-ci présente en effet l'avantage sur les autres éditions publiées de recenser les quelques variantes de ponctuation et d'orthographe que le texte a connues. Les références aux articles de l'auteur précédemment publiés et cités en bas de page ont été actualisées en prenant en considération leur réédition et pagination dans ces mêmes œuvres complètes. Globalement, et à la différence d'autres essais de José Ortega y Gasset, qui ont connu de considérables restructurations au fil des éditions, *La Déshumanisation de l'art* est resté quasiment inchangé depuis sa publication en volume. Comme c'est le cas de nombreux essais d'Ortega y Gasset, mais de manière partielle dans celui qui nous occupe, les sept premières sections de *La Déshumanisation de l'art*, soit un peu plus de la moitié du texte (du fragment initial "Impopularité du nouvel art" à "La déshumanisation de l'art continue"), avaient d'abord fait l'objet d'une publication sous forme d'articles, dans le journal espagnol *El Sol* (1, 16 et 23 janvier et 1er février 1924). Le texte intégral, suivi des *Idées sur le roman*, a connu une première édition sous forme de livre, en 1925, dans la *Revista de Occidente*, fondée deux ans plus tôt par le philosophe. La seconde édition date de 1928.

Si l'on excepte *La Révolte des masses* (*La rebelión de las masas*, 1930), *La Déshumanisation de l'art* est très certainement l'essai d'Ortega y Gasset qui a connu la plus grande audience, non dénuée de polémique, il est vrai. Parfois considéré, à tort, comme le manifeste de la génération des poètes de 1927, il le fut du nouvel art (*arte nuevo*), c'est-à-dire des avant-gardes, notamment littéraires, et il révèle la sensibilité de l'auteur aux mouvements et aux tendances artistiques de son temps qui prétendaient secouer le joug du réalisme mimétique.

Si ce texte est l'un des plus célèbres essais esthétiques de l'auteur, il n'est pas le seul, car José Ortega y Gasset s'intéressa, sa vie durant, aux questions d'art et d'esthétique. À titre d'exemples, on peut citer "Essai d'esthétique en guise de prologue" (*Ensayo de estética a manera de prólogo*) (1914), *Idées sur le roman* (1925) ou encore "Du point de vue dans les arts" (*Sobre el punto de vista en las artes*) (1925). Ce dernier article révèle une très grande familiarité du philosophe avec la tradition germanique des arts plastiques connus sous le nom de "formalisme" occidental (Wölfflin, Worringer, Fiedler, Hildebrandt, etc.).

Il existe déjà deux traductions françaises de *La Déshumanisation de l'art* (trad. de Marie-Pia Gil, in *Conférence*, n° 5, 1997, p. 199-250 et trad. de Paul Aubert et Eve Giustiniani, Paris, Sulliver, 2008). À la différence des premiers traducteurs, nous avons choisi de traduire le syntagme *arte nuevo*, qui est à la base de la réflexion de l'auteur sur l'art déshumanisé, par *nouvel art*, et ce afin d'éviter l'ambiguïté que soulèverait dans l'esprit du lecteur francophone le seul syntagme *art nouveau*.

Le style d'Ortega y Gasset n'est pas toujours aisé à rendre en français car l'auteur navigue entre concepts philosophiques, technicismes et envolées métaphoriques. Bien que dans une moindre mesure, on retrouve là la dimension esthétisante qui caractérise la prose essayiste de l'auteur.

DANS LA MÊME COLLECTION

Anonyme, *À fleur de peau*
Anonyme, *Confession sexuelle d'un anonyme russe*
Anonyme, *Les Confessions d'un travesti*
Anonyme, *Coplas*
Anonyme, *Dirty Comics I*
Anonyme, *Dirty Comics II*
Anonyme, *L'École des filles I*
Anonyme, *L'École des filles II*
Anonyme, *La Fameuse Comédienne*
Anonyme, *Incitation à l'amour de Dieu*
Anonyme, *Journal d'un morphinomane*
Anonyme, *Rapport secret du Pentagone sur le changement climatique*
Anonyme, *Les Rêveries du toxicomane solitaire*
Anonyme, *Vivent les voleurs !*
Anonyme, *La Voie suprême selon le yoga tibétain*
Theodor W. Adorno, *Le Caractère fétiche dans la musique*
Theodor W. Adorno, Max Horkheimer, *Kulturindustrie*
Al-Fârâbî, *La Philosophie de Platon*
Al-Fârâbî, *De l'obtention du bonheur*
Al-Kindi, *De Radiis*
René Alleau, *Alchimie*
Günther Anders, *Et si je suis désespéré, que voulez-vous que j'y fasse ?*
Günther Anders, *George Grosz*
Joanne Anton, *Le Découragement*
Joanne Anton, *Liège, oui*
Louis Aragon / Benjamin Péret / Man Ray, *1929*
Hannah Arendt, *Walter Benjamin 1892-1940*
Pierre Arétin, *L'Éducation de la Pippa*
Pierre Arétin, *Les Roueries des hommes*
Pierre Arétin, *La Ruffianerie*
Aristote, *Problème XXX*
Pierre Auriol, *La Fin du voyage*
Thérèse d'Avila, *Je vis mais sans vivre en moi-même*
Honoré de Balzac, *Sarrasine*

Georges Bataille, *La Mutilation sacrificielle*
Roberto Bazlen, *Trieste*
Bruce Bégout, *Zéropolis*
Bruce Bégout, *Lieu commun*
Bruce Bégout, *De la décence ordinaire*
Bruce Bégout, *Le ParK*
Hans Bellmer, *Petite Anatomie de l'image*
Walter Benjamin, *Petite Histoire de la photographie*
Walter Benjamin, *L'Œuvre d'art à l'époque de sa reproductibilité technique*
Walter Benjamin, *Paris, capitale du XIXe siècle*
Jeremy Bentham, *De la torture*
Olivier Benyahya, *Zimmer*
Michèle Bernstein, *Tous les chevaux du roi*
Gérard Berréby, *Stations des profondeurs*
Rachel Bespaloff, *De l'Iliade*
David Bessis, *Sprats*
David Bessis, *Ars grammatica*
Jean François Billeter, *Chine trois fois muette*
Jean François Billeter, *Leçons sur Tchouang-tseu*
Jean François Billeter, *Contre François Jullien*
Jean François Billeter, *Notes sur Tchouang-tseu et la philosophie*
Jean François Billeter, *Un paradigme*
Jean François Billeter, *Lichtenberg*
Jean François Billeter, *Trois essais sur la traduction*
Marc Bloch, *Réflexions d'un historien sur les fausses nouvelles de la guerre*
Alexandre Blok, *Douze*
Jean-Jacques Bonvin, *Ballast*
Jean-Jacques Bonvin, *Larsen*
David Bosc, *Sang lié*
Jacques-Bénigne Bossuet, *Bernard, que prétends-tu dans le monde ?*
Grégoire Bouillier, *Rapport sur moi*
Grégoire Bouillier, *L'Invité mystère*
Michel Bounan, *Incitation à l'autodéfense*
Michel Bounan, *L'État retors*
Michel Bounan, *L'Art de Céline et son temps*
Michel Bounan, *L'Impensable, l'indicible, l'innommable*
Michel Bounan, *La Vie innommable*

Michel Bounan, *Sans valeur marchande*
Michel Bounan, *Logique du terrorisme*
Michel Bounan, *Le Temps du sida*
Hermann Broch, *Quelques remarques à propos du kitsch*
Thomas Browne, *Lettre à un ami*
Giordano Bruno, *De la magie*
Giordano Bruno, *Des liens*
Tina Bueno, *La Mer*
Lord Byron, *Caïn*
Lord Byron, *Manfred*
Lord Byron, *Poèmes*
John Cage, *Confessions d'un compositeur*
John Cage, *Rire et se taire*
Giulio Camillo, *Le Théâtre de la mémoire*
Dino Campana, *Chants orphiques*
Duncan Campbell, *Surveillance électronique planétaire*
Georges Canguilhem, *Vie et mort de Jean Cavaillès*
Giacomo Casanova, *Le Duel*
Giacomo Casanova, *Ma voisine, la postérité*
Giacomo Casanova, *Soliloque d'un penseur*
Giacomo Casanova, *Lana caprina*
Giacomo Casanova, *Histoire de ma fuite des prisons de Venise*
Éric Chauvier, *Anthropologie*
Éric Chauvier, *Si l'enfant ne réagit pas*
Éric Chauvier, *Contre Télérama*
Éric Chauvier, *Les Mots sans les choses*
Guillaume Chauvin, Rémi Hubert, *Aucun détour ne ment*
Victor Chklovski, *L'Art comme procédé*
Noam Chomsky, *Sur le contrôle de nos vies*
Bernard de Clairvaux, *Qu'il me baise d'un baiser de sa bouche !*
Thomas Clerc, *Maurice Sachs le désœuvré*
Richard Cobb, *Marseille*
Jean Cocteau, *Le Cordon ombilical*
Nik Cohn, *Je suis toujours le plus grand dit Johnny Angelo*
Nik Cohn, *Soljas*
Samuel Taylor Coleridge, *Notebooks*
Colerus / Lucas, *Vies de Spinoza*

Bruno Corra, *Sam Dunn est mort*
Astolphe de Custine, *Résumé du voyage en Russie*
Cyber Trash Critic, *Je suis le peuple qui manque*
Arsène Darmesteter, *Le Talmud*
George H. Darwin, *L'Évolution dans le vêtement*
Mike Davis, *Au-delà de Blade Runner*
Giacomo Debenedetti, *16 octobre 1943*
Étienne-Jean Delécluze, *Le Mécanicien roi*
Thomas De Quincey, *Les Derniers Jours d'Emmanuel Kant*
Robert Desnos, *Jack l'Éventreur*
Denis Diderot, *Lettre historique et politique adressée à un magistrat sur le commerce de la librairie*
John Donne, *Paradoxes & problèmes*
Marc Downham, *Cyberpunk*
R.W. Emerson, *La Nature*
Friedrich Engels, *Esquisse d'une critique de l'économie politique*
Hans Magnus Enzensberger, *Les Rêveurs de l'absolu*
Mansour Fahmy, *La Condition de la femme dans l'islam*
Marsile Ficin, *Quid sit lumen*
Pavel Florenski, *Hamlet*
Hélène Frappat, *Sous réserve*
Hélène Frappat, *Par effraction*
Alexandre Friederich, *easyJet*
Joseph Gabel, *Mensonge et maladie mentale*
Joseph Gabel, *La Réification*
Hans-Georg Gadamer, *Nietzsche l'Antipode*
Federico Garcia Lorca, *Complaintes gitanes*
Eugenio Garin, *Hermétisme et Renaissance*
Eugenio Garin, *Machiavel entre politique et histoire*
Roger Gilbert-Lecomte, *Monsieur Morphée*
Arnaldo Ginna, *Les Locomotives avec des chaussettes*
Goethe, *La Fête de saint Roch à Bingen*
Nicolas Gogol, *Le Nez*
Pierre Hadot, *Éloge de la philosophie antique*
Pierre Hadot, *Éloge de Socrate*
Raoul Hausmann, *Hourra ! Hourra ! Hourra !*
Raoul Hausmann, *Sensorialité excentrique*

Nathaniel Hawthorne, *L'Artiste du beau*
Nathaniel Hawthorne, *Le Hall de l'imagination*
William Hazlitt, *Du plaisir de haïr*
Werner Heisenberg, *Le Manuscrit de 1942*
Moshe Idel, *Les Kabbalistes de la nuit*
Wolfgang Iser, *L'Appel du texte*
Ian Jack, *Klever Kaff*
Roman Jakobson, *La Génération qui a gaspillé ses poètes*
Hans Robert Jauss, *Petite Apologie de l'expérience esthétique*
Samuel Johnson, *Le Paresseux*
Paul Joostens, *Salopes*
Asger Jorn, *La Genèse naturelle*
Sören Kierkegaard, *Diapsalmata*
Jamie Lincoln Kitman, *L'Histoire secrète du plomb*
Pauline Klein, *Alice Kahn*
Pauline Klein, *Fermer l'œil de la nuit*
Alexandre Koyré, *Réflexions sur le mensonge*
Alexandre Koyré, *La Cinquième Colonne*
Alexandre Koyré, *Paracelse*
Alfred Kubin, *Le Cabinet de curiosités*
Alfred Kubin, *Le Travail du dessinateur*
Alfred Kubin, *Ma vie*
Serge La Barbera, *Un sentiment d'imposture*
Serge La Barbera, *Microfilm 2mi354*
Serge La Barbera, *Le Syndrome de Salammbô*
Jean-Yves Lacroix, *Le Cure-dent*
Paul Lafargue, *Le Droit à la paresse*
Tommaso Landolfi, *Les Deux Vieilles Filles*
W. S. Landor, *Conversation imaginaire entre Diogène et Platon*
Valery Larbaud, *Lettre d'Italie*
Hadrien Laroche, *Les Orphelins*
Arthur Larrue, *Partir en Guerre*
Nathalie Léger, *Les Vies silencieuses de Samuel Beckett*
Giacomo Leopardi, *"Adieu ma chère pillule"*
Giacomo Leopardi, *Discours sur l'état actuel des mœurs des Italiens*
Giacomo Leopardi, *Palinodie*
Giacomo Leopardi, *Pensées*

Giacomo Leopardi, *Huit Petites Œuvres morales inédites*
Giacomo Leopardi, *Journal du premier amour*
Giacomo Leopardi, *Tu ne sais donc pas que je suis un grand homme ?*
Jules Lequier, *Comment trouver, comment chercher une première vérité ?*
Emmanuel Le Roy Ladurie, *La Civilisation rurale*
Jean Levi, *Propos intempestifs sur le Tchouang-tseu*
Sylvain Lévi, *Génie de l'Inde*
Prince de Ligne, *Fragment sur Casanova*
Hélène Ling, *Lieux-dits*
Jack London, *Pour cent dollars de plus*
Pierre Louÿs, *Manuel de civilité pour les petites filles*
Pierre Louÿs, *Pybrac*
Malcolm Lowry, *Merci infiniment*
Pierre Mabille, *Thérèse de Lisieux*
Maïmonide, *Lettre sur l'astrologie*
Kazimir Malevitch, *La Paresse comme vérité effective de l'homme*
Oscar Mandel, *Être ou ne pas être juif*
Ossip Mandelstam, *Nouveaux Poèmes 1930-1934*
Piero Manzoni, *Contre rien*
Greil Marcus, *Sly Stone, le mythe de Staggerlee*
Claire Marin, *Hors de moi*
Francesco Masci, *Superstitions*
Francesco Masci, *Entertainment !*
Francesco Masci, *L'Ordre règne à Berlin*
Karl Marx, *Le Caractère fétiche de la marchandise et son secret*
Karl Marx, *Contribution à la critique de la philosophie du droit de Hegel*
Lorenzino de Médicis, *Apologie*
Herman Melville, *Bartleby*
Herman Melville, *Le Paradis des célibataires*
Franz Anton Mesmer, *Mémoire sur la découverte du magnétisme animal*
Henry Miller, *Lire aux cabinets*
Valérie Mréjen, *L'Agrume*
Valérie Mréjen, *Mon Grand-père*
Valérie Mréjen, *Eau sauvage*
Robert Musil, *De la bêtise*
Friedrich Nietzsche, *Fragments posthumes sur l'éternel retour*
Friedrich Nietzsche, *La Vision dionysiaque du monde*

Friedrich Nietzsche, *Le Cas Wagner*
Friedrich Nietzsche, *Première Considération inactuelle*
Jean Norton Cru, *Du témoignage*
Novalis, *Le Monde doit être romantisé*
Patrik Ourednik, *Europeana. Une brève histoire du vingtième siècle*
Patrik Ourednik, *Instant propice, 1855*
Patrik Ourednik, *Le Silence aussi*
Patrik Ourednik, *Hier et après-demain*
Patrik Ourednik, *Histoire de France. † À notre chère disparue*
Franz Overbeck, *Souvenirs sur Friedrich Nietzsche*
Paillot de Montabert, *Dissertation sur les peintures du Moyen Âge*
Clément Pansaers, *L'Apologie de la paresse*
Clément Pansaers, *Bar Nicanor*
Clément Pansaers, *Le Pan pan au cul du nu nègre*
Kostas Papaioannou, *De la critique du ciel à la critique de la terre*
Kostas Papaioannou, *Hegel et Marx : l'interminable débat*
Lucius de Patras, *L'Âne*
Jean Paulhan, *Lettre à un jeune partisan*
Péchon de Ruby, *La Vie généreuse des Mercelots, Gueux et Bohémiens*
Joséphin Péladan, *De l'androgyne*
Francis Picabia, *Jésus-Christ Rastaquouère*
Edgar Allan Poe, *Marginalia*
Edgar Allan Poe, *Habitations imaginaires*
Edgar Allan Poe, *Le Joueur d'échecs de Maelzel*
Dolores Prato, *Brûlures*
François Rabelais, *Traité de bon usage de vin*
H. R. Rabinowitz, *Kosher Humor*
Samson Raphaelson, *Amitié*
Paul-Ernest de Rattier, *Paris n'existe pas*
Jil de Rauc, *Théorie du crime parfait*
Félix Ravaisson, *De l'habitude*
Félix Ravaisson, *Testament philosophique*
Giuseppe Rensi, *Spinoza*
David Ricardo, *Valeur absolue et valeur d'échange*
Denys Ridrimont, *Lettre à Anne*
Rainer Maria Rilke, *La Mélodie de l'amour et de la mort du cornette Christoph Rilke*

Oliver Rohe, *Défaut d'origine*
Oliver Rohe, *Terrain vague*
Henri Rollin, *Une mystification mondiale*
Pio Rossi, *Dictionnaire du mensonge*
Bertrand Russell, *Éloge de l'oisiveté*
Luigi Russolo, *L'Art des bruits*
Han Ryner, *Petit Manuel individualiste*
Nelly Sachs, *Lettres en provenance de la nuit*
Sappho, *L'Égal des dieux*
Alberto Savinio, *L'Intensité dramatique de Leopardi*
Alberto Savinio, *Dix procès*
Meyer Schapiro, *La Nature de l'art abstrait*
Bertrand Schefer, *L'Âge d'or*
Alfred Schütz, *Don Quichotte et le problème de la réalité*
Alfred Schütz, *L'Étranger*
Kurt Schwitters, *Auguste Bolte*
Kurt Schwitters, *La Loterie du jardin zoologique*
Marcel Schwob, *Études sur l'argot français*
Marcel Schwob, *Le Livre de Monelle*
Marcel Schwob, *François Rabelais*
William Shakespeare, *Vénus et Adonis*
Georg Simmel, *Le Pauvre*
Georg Simmel, *Philosophie de la mode*
Georg Simmel, *Rome, Florence, Venise*
Sergio Solmi, *La Santé de Montaigne*
Boris Souvarine, *Sur Lénine, Trotsky et Staline*
Spinoza, *Traité de l'amendement de l'intellect*
Hilary Spurling, *La Grande Thérèse*
Robert Louis Stevenson, *Will du moulin*
Robert Louis Stevenson, *Une apologie des oisifs*
Robert Louis Stevenson, *Virginibus Puerisque*
Patrick Straram, *Les Bouteilles se couchent*
Leo Strauss, *Le Platon de Fârâbî*
Leo Strauss, *Sur une nouvelle interprétation de la philosophie politique de Platon*
Italo Svevo, *Sur James Joyce*
Karel Teige, *Le Marché de l'art*

Karel Teige, *Liquidation de l'art*
Boris Terk, *A voice is a person*
Stefan Themerson, *Les Aventures de Peddy Bottom*
Stefan Themerson, *Ouah ! Ouah ! ou Qui a tué Richard Wagner ?*
Michael Thomas, Adriaan Boot, *Babylon on a thin Wire*
François Tison, *Farcissures*
Alexis de Tocqueville, *Sur le paupérisme*
John Toland, *Clidophorus*
Tatiana Tolstoï, *Sur mon père*
Giuseppe Tomasi di Lampedusa, *Byron*
Giuseppe Tomasi di Lampedusa, *Shakespeare*
Giuseppe Tomasi di Lampedusa, *Stendhal*
Nick Tosches, *Confessions d'un chasseur d'opium*
Nick Tosches, *Réserve ta dernière danse pour Satan*
Élie Treese, *Ni ce qu'ils espèrent, ni ce qu'ils croient*
Miguel de Unamuno, *Comment se fait un roman*
Lope de Vega, *Soliloques amoureux d'une âme à Dieu*
Yvonne Verdier, *Le Petit Chaperon rouge dans la tradition orale*
Giambattista Vico, *Vici Vindiciae*
Giambattista Vico, *Vie de Giambattista Vico écrite par lui-même*
Jordi Vidal, *Résistance au chaos*
Jordi Vidal, *Servitude & simulacre*
Antonio Vieira, *Sermon du bon larron*
Alexandre Vvedenski, *Un sapin de Noël chez les Ivanov*
Wilhelm Waiblinger, *Vie, poésie et folie de Friedrich Hölderlin*
Lindsay Waters, *L'Éclipse du savoir*
Max Weber, *La Bourse*
Oscar Wilde, *La Ballade de la geôle de Reading*
Oscar Wilde, *Le Déclin du mensonge*
Johann Joachim Winckelmann, *Réflexions sur l'imitation des œuvres grecques en peinture et en sculpture*
Gerrard Winstanley, *L'Étendard déployé des vrais niveleurs*
Patrick Wotling, *La Pensée du sous-sol*
Frances A. Yates, *Science et tradition hermétique*
Yosef Hayim Yerushalmi, *Serviteurs des rois et non serviteurs des serviteurs*
Jan Zabrana, *Toute une vie*

ACHEVÉ D'IMPRIMER
DANS L'UNION EUROPÉENNE
POUR LE COMPTE DES ÉDITIONS ALLIA
EN SEPTEMBRE 2014

ISBN : 978-2-84485-935-8
DÉPÔT LÉGAL : OCTOBRE 2014

1re ÉDITION : AOÛT 2011
2e ÉDITION : OCTOBRE 2014